『区域经济现实问题研究』

经济发展质量研究
以内蒙古自治区为例

郭 晶◎著

A STUDY ON THE QUALITY OF ECONOMIC
DEVELOPMENT IN INNER MONGOLIA

经济管理出版社
ECONOMY & MANAGEMENT PUBLISHING HOUSE

图书在版编目（CIP）数据

经济发展质量研究——以内蒙古自治区为例/郭晶著 . —北京：经济管理出版社，2018. 12
ISBN 978 - 7 - 5096 - 5979 - 3

Ⅰ. ①经… Ⅱ. ①郭… Ⅲ. ①区域经济—经济增长质量—研究—内蒙古 Ⅳ. ①F127. 26

中国版本图书馆 CIP 数据核字（2018）第 200181 号

组稿编辑：王光艳
责任编辑：李红贤
责任印制：黄章平
责任校对：王淑卿

出版发行：经济管理出版社
（北京市海淀区北蜂窝 8 号中雅大厦 A 座 11 层　100038）
网　　址：www. E - mp. com. cn
电　　话：（010）51915602
印　　刷：三河市延风印装有限公司
经　　销：新华书店
开　　本：720mm×1000mm/16
印　　张：12. 5
字　　数：210 千字
版　　次：2019 年 3 月第 1 版　　2019 年 3 月第 1 次印刷
书　　号：ISBN 978 - 7 - 5096 - 5979 - 3
定　　价：58. 00 元

前　言

"建设亮丽内蒙古　共圆伟大中国梦"，习近平总书记的题词贺匾浓缩了党中央对内蒙古自治区的嘱托和希望，激荡起草原儿女以实干精神向伟大新时代致敬的满腔豪情。内蒙古自治区是我国民族区域自治制度的发源地，我国北方重要的生态安全屏障，国家重要的能源基地、新型化工基地、有色金属生产加工基地和绿色农畜产品生产加工基地，我国向北开放的重要桥头堡，"环渤海经济区"的重要地区之一，"一带一路"中草原丝绸之路经济带的重要节点。

经济增长并不完全体现为经济发展。以往强大的投资拉动和"一煤独大"的传统经济发展模式既让内蒙古自治区享受到经济高速增长的果实，也让内蒙古自治区面临日益增长的经济结构失衡风险。低廉的劳动力价格和粗放廉价的自然资源开发所带来的低成本竞争优势开始加速衰减，环境污染和生态破坏逐年累积叠加，经济发展进入"新常态"，面临"三期叠加"矛盾，经济发展质量不高的种种弊端凸显。

当前，中国特色社会主义进入新时代，处于全面建成小康社会的决胜阶段，人民日益增长的美好生活需要和不平衡不充分的发展之间的矛盾成为我国社会的主要矛盾。习近平总书记强调："以人民为中心的发展思想，不是一个抽象的、玄奥的概念，不能只停留在口头上、止步于思想环节，而要体现在经济社会发展各个环节。"新时代，内蒙古自治区要实现"把祖国北部边疆这道风景线打造得更加亮丽""继续在民族地区全面建成小康社会进程中走在前列""建设亮丽内蒙古，共圆伟大中国梦"等目标要求，建设现代化内蒙古，必须坚持"以人民为中心的发展思想"，牢牢把握我国社会主要矛盾对内蒙古自治区经济发展质量提出的新要求，聚焦全面建成小康社会，全面贯彻新发展理念，打好"三大攻坚战"，打破发展不平衡不充分的瓶颈，切实把内蒙古自治区各族儿女日益增长的对美好生活的向往作为发展的奋斗目标，把内蒙古自治区建设成为团结、繁荣、文明、稳定的民族自治区。

在新的历史时期，机遇与挑战并存。解决好内蒙古自治区各族儿女日益增长的对美好生活的需要和不平衡不充分发展之间的矛盾，既是一个重大的理论问题，也是一个重大的实践问题，更是当前和今后一个时期内蒙古自治区经济发展的大逻辑。提高内蒙古自治区经济发展质量，必须历史地、辩证地认识其经济发展的新变化、新特征，深刻理解经济发展质量的丰富内涵，准确把握速度转化、发展转型、动力转换的科学内涵，按照全面建成小康社会的各项要求，统筹推进经济发展各维度建设，充分利用各种有利条件，加快解决突出矛盾和问题，有效应对各种风险挑战，特别是要坚决打好"三大攻坚战"，走出一条具有内蒙古特色的经济发展之路。

对于内蒙古自治区经济发展质量的评价必须坚持贯彻落实习近平总书记系列重要讲话和考察内蒙古时的重要讲话精神，深刻理解、把握内蒙古自治区经济发展新的特征和要求，以科学的维度去衡量。从"发展必须是遵循经济规律的科学发展，必须是遵循自然规律的可持续发展，必须是遵循社会规律的包容性发展"，到"在提高发展平衡性、包容性、可持续性的基础上"实现全面建成小康社会新的目标要求，再到"要坚决打好防范化解重大风险、精准脱贫、污染防治的攻坚战"，决胜全面建成小康社会，开启全面建设社会主义现代化国家新征程，在推进中国特色社会主义伟大实践中，以人民为中心的发展思想是贯穿始终的一条红线，深刻回答了发展必须遵循的规律及发展质量评价的依据，在指导新时代内蒙古自治区经济发展质量的实践中起到度量衡作用，必将成为新时代内蒙古自治区经济发展质量评价指标体系构建的根本遵循。

本书坚持"以人民为中心的发展思想"，把遵循经济规律的科学发展、遵循自然规律的可持续发展、遵循社会规律的包容性发展作为衡量内蒙古自治区经济发展质量的维度，放到更加重要的位置，从经济、自然和社会三个关键维度探寻内蒙古自治区经济发展质量提升的关键路径，旨在为提高内蒙古自治区经济发展质量献智献策，为民族共享发展红利及和谐民族关系的构建提供理论支持。

本书分为八个章节。

第一章介绍新时代内蒙古自治区经济发展的总体思路，包括研究背景、研究意义、研究思路、研究价值、研究方法、创新之处及有关经济发展质量的研究综述。

第二章区分了经济增长与经济发展的概念，梳理了国内外经济质量的评价指标体系，并在此基础上概括出内蒙古自治区经济发展的内涵，构建内蒙古自治区经济发展质量评价指标体系。

第三章对评价指标体系中的经济维度进行分析，具体包括经济维度各子项目的理论基础以及对内蒙古自治区经济增长稳定性、产业结构状态、经济增长效率、经济增长福利性的深入分析。

第四章对评价指标体系中的自然维度进行分析，具体包括自然维度各子项目的理论基础以及对内蒙古自治区人口与经济、资源与经济、环境与经济、公共主体下生态补偿和市场主体下生态补偿的研究。

第五章对评价指标体系中的社会维度进行分析，具体包括社会维度各子项目的理论基础以及对内蒙古自治区脱贫攻坚和基本公共服务的研究。

第六章在对前面第三、第四、第五章进行归纳总结的基础上，分析得出了现阶段内蒙古自治区经济发展质量提升面临的问题，并深入分析了产生问题的原因。问题主要表现在以下几方面：科技创新水平对提升经济效率贡献不足；产业结构不合理，工业结构问题突出；经济增长与资源、环境矛盾凸显，生态补偿建设不足；人口老龄化问题及人才培养质量提升双向趋紧；绝对贫困现象的减少，相对贫困现象的上升；基本公共服务均等化相对滞后。其原因主要归结为以下四点：唯GDP的发展观、内蒙古自治区经济发展中对资源型产业的路径依赖、内蒙古自治区在全国区域分工中的地位和内蒙古自治区工业发展的阶段性。

第七章在对前面第三、第四、第五、第六章进行归纳总结的基础上，以"五大发展理念"为旨归提出了提高内蒙古自治区经济发展质量的政策建议。坚持创新发展，要坚持制度创新、理论创新和技术创新。坚持协调发展，要人口、资源、环境与经济统筹兼顾，要城乡与区域统筹兼顾，要物质文明与精神文明统筹兼顾。坚持绿色发展，要筑牢生态安全屏障，紧抓绿色机遇。坚持开放发展，对内要坚持拓宽加深，对外要坚持互利共赢、多元平衡。坚持共享发展，要决胜脱贫攻坚，要提高基本公共服务共建能力和共享水平。

第八章在"一带一路"倡议的背景下，对内蒙古自治区经济高质量发展进行了展望，介绍了"一带一路"沿线国家经济发展概况和内蒙古自治区对外贸易历程，在分析对外贸易进出口额、进出口商品特点及对外贸易国家的基础上，提出"一带一路"倡议下内蒙古自治区经济高质量发展的对策。

　　本书采用施政一教授关于"广义"民族经济学和"狭义"民族经济学的分类方法，涉及的内容均为"狭义"层面的民族经济学研究。

目　录

第 一 章

新时代经济发展

——内蒙古自治区发展的总体思路

　　党的十九大报告中，中央适时提出"新时代"，并通过"一带一路"的建设，开拓中国参与世界经济发展的新思路。对内蒙古自治区来说，在新的历史方位下，机遇与挑战并存。提高内蒙古自治区经济发展质量，必须历史地、辩证地认识内蒙古自治区经济发展的新变化、新特征，深刻把握和理解速度转化、发展转型、动力转换的科学内涵，按照全面建成小康社会各项要求，以提高经济增长综合质量和效益为中心，把内蒙古自治区经济的稳定发展、生态环境的可持续发展和社会的包容性发展作为衡量内蒙古自治区经济发展质量的关键维度，探寻提高内蒙古自治区经济发展的新思路。

第一节　选题背景与选题意义

一、选题背景

习近平总书记强调:"以人民为中心的发展思想,不是一个抽象的、玄奥的概念,不能只停留在口头上、止步于思想环节,而要体现在经济社会发展各个环节。"经过长期努力,中国特色社会主义进入了新时代,这是我国发展的新的历史方位。当前,我国处于全面建成小康社会决胜阶段,人民日益增长的美好生活需要和不平衡不充分的发展之间的矛盾成为我国社会的主要矛盾。新时代,内蒙古自治区要实现"把祖国北部边疆这道风景线打造得更加亮丽""继续在民族地区全面建成小康社会进程中走在前列""建设亮丽内蒙古,共圆伟大中国梦"等目标要求,建设现代化内蒙古,必须牢牢把握我国社会主要矛盾对内蒙古自治区经济发展质量提出的新要求,聚焦全面建成小康社会,坚持全面贯彻新发展理念,打好"三大攻坚战",打破发展不平衡不充分的瓶颈,切实把内蒙古自治区各族儿女对美好生活的向往作为经济发展的奋斗目标。

内蒙古自治区自实施西部大开发战略以来,得益于投资"马车"的强劲拉动和资源型产业的快速扩张,GDP总量逐年扩大,GDP增长率从2002年到2009年连续8年保持全国第一。强大的投资拉动和"一煤独大"的传统经济发展模式使内蒙古自治区在饱享经济高速增长硕果的同时,不得不承担经济结构失衡日益增长的风险。期间,居民的消费和收入水平并未与GDP增长率同步提高,反而低于同期全国平均水平。2010年以后,随着国际国内环境的深刻变化,世界经济处在国际金融危机后的深度调整期,国内经济发展也处于转型升级和结构调整的关键期。内蒙古自治区经济发展面临诸多不稳定、不确定因素,GDP增长率逐年回落,各区域间发展不平衡、经济增长方式粗放等问题开始显现。2013年以来,内蒙古自治区经济发展的显著性特征是经济发展进入"新常态",面临"三期叠加"矛盾。认识新常态,适应新常态,引领新常态,成为当时和以后一个时期内蒙古自治区经济发展的基本逻辑。

长期以来,内蒙古自治区经济发展主要依靠政府投资驱动和资源型产业的扩张，实现了较快发展，但也存在着对政府的依赖性强、增长方式粗放、经济发展质量不高、环境代价大、包容性程度低等问题。内蒙古自治区 GDP 和财政收入对传统经济发展模式过度依赖，加之传统产业沉淀成本、规模经济和既得利益的作用，使内蒙古自治区经济发展对传统经济发展模式有很强的路径依赖，投资始终是拉动经济增长的主要手段，煤炭是支撑经济增长独大的产业，转方式、调结构、促创新缺乏自下而上的驱动力。内蒙古自治区经济高速运行若干年后，剧烈换挡，GDP 增速从两位数降到一位数，GDP 增长率从全国排名第一退到后十名。内蒙古自治区面临"城乡、区域、经济社会发展不够协调，基础设施和基本公共服务比较滞后，城乡居民收入低于全国平均水平，与全国同步建成全面小康社会的任务艰巨繁重"，"产业结构比较单一，重型化特征明显，煤炭等资源型产业比重偏高，非资源型产业、战略性新兴产业、现代服务业发展不足，推进传统产业新型化、新兴产业规模化、支柱产业多元化的任务艰巨繁重"，"经济增长动力不够均衡，科技支撑能力不强，有效需求和有效供给不足并存，劳动力、资本等生产要素供求关系趋紧，加快转变经济发展方式、培育新的增长动力、实现从要素驱动向创新驱动转变的任务艰巨繁重"，"生态环境还比较脆弱，推进经济绿色转型、实现发展与保护双赢的任务艰巨繁重"，"经济运行积累的潜在风险较多，部分行业产能过剩，不少企业经营困难，一些地方政府债务负担较重，新常态下的新矛盾新问题逐步显现，加强经济运行调控和治理、有效应对各种风险挑战的任务艰巨繁重"等众多困难和挑战，暴露出经济发展质量不高的种种弊端，内蒙古自治区各族儿女日益增长的美好生活需要和不平衡不充分的发展之间的矛盾凸显。经济规律告诉我们，经济增速至此需要换挡，以往仅以经济增长为中心的发展是行不通的，而更应该考虑经济发展的平衡性、包容性和可持续性。

在党的十九大报告中，中央适时提出"新时代"，并通过"一带一路"的建设，开拓中国参与世界经济发展的新思路。对内蒙古自治区来说，在新的历史方位下，机遇与挑战并存。内蒙古自治区作为我国北方重要的生态安全屏障、国家重要的能源基地、新型化工基地、有色金属生产加工基地和绿色农畜产品生产加工基地，是我国向北开放的重要桥头堡，是"环渤海经济区"的重要地区之一，更是"一带一路"中草原丝绸之路经济带的重要节点。进入新时代，准确把握经济发展的丰富内涵，解决好内蒙古自治区各族儿女日益增长的美好生活需要和不平衡不充分的发展之间的矛盾，既是一个重大的理论问题，也是一个重大的实践问题，更是当前和今后一个时期内蒙古自治区经济发展的大逻辑。提高内蒙古自治区经济发展质量，必须历史地、辩证地认识内蒙古自治区经济发展的新变化、新特征，深刻理解和把握速度转化、发展转型、动力转换的科学内涵，按照全面建成小康社会各项要求，统筹推进经济发展各维度建设，充分利用各种有利条件，加快解决突出矛盾和问题，有效应对各种风险挑战，特别是要坚决打好"三大攻坚战"，走出一条具有内蒙古特色的经济发展之路。在这样的背景下，以提高经济增长综合质量和效益为中心，把内蒙古自治区经济的稳定发展、生态环境的可持续发展和社会的包容性发展作为衡量内蒙古自治区经济发展质量的关键维度，放到更加重要的位置，探寻提高内蒙古自治区经济发展质量的新思路、新举措，为调整优化产业结构、挖掘内蒙古自治区经济增长的新动力、各民族共享发展红利以及和谐民族关系的构建提供理论支持。

对于经济发展质量的评价必须坚持贯彻落实习近平总书记系列重要讲话和考察内蒙古时的重要讲话精神，深刻理解把握内蒙古自治区经济发展的新的特征和要求，以科学的维度去衡量。从"发展必须是遵循经济规律的科学发展，必须是遵循自然规律的可持续发展，必须是遵循社会规律的包容性发展"，到"在提高发展平衡性、包容性、可持续性的基础上"实现全面建成小康社会新的目标要求，再到"要坚决打好防范化解重大风险、精准脱贫、污染防治的攻坚战"，决胜全面建成小康社会，开启全面建设社会主义现代化国家新征程，在推进中国特色社会主义伟大实践中，以人民为中心的发展思想是贯穿始终的一条红线，深刻回答了发展必须遵循的规律及发展质量评价的依据，在指导新时代内蒙古自治区经济发展质量的实践中起到度量衡作用，必将成为新时代内蒙古经济发展质量评价指标体系构建的根本遵循。本书坚持全面贯彻新发展理念，从经济、生态和社会三个维度探寻内蒙古自治区经济发展质量提升的关键路径，并提出对策建议。

"发展是解决我国一切问题的基础和关键，发展必须是科学发展，必须坚定不移贯彻创新、协调、绿色、开放、共享的发展理念"。"十三五"时期，是全面建成小康社会、实现"两个一百年"奋斗目标中第一个百年奋斗目标的决胜阶段。《内蒙古自治区国民经济和社会发展第十三个五年规划纲要》指出，实现"十三五"时期发展目标，必须从自治区经济社会发展实际出发，顺应形势任务发展变化，把握经济发展新常态下的新情况、新特点，尊重规律、与时俱进，牢固树立、切实贯彻创新发展、协调发展、绿色发展、开放发展、共享发展的新理念。提高内蒙古自治区经济发展质量的目的是确保如期实现"十三五"时期发展目标。"五大发展理念"完善了发展观的内涵，为实现"十三五"时期经济发展目标指明了方向，在指导新时代下提高内蒙古自治区经济发展质量的实践中起到路线图的作用。因此，"五大发展理念"必将成为本书结论的指导思想及政策建议的根本遵循。

二、选题意义

（一）理论意义

在新时代背景下，基于遵循经济规律的科学发展、遵循自然规律的可持续发展、遵循社会规律的包容性发展，提出提高内蒙古自治区经济发展质量的指标体系，创新性融入社会包容性理念，建立经济、自然和社会为基本维度的评价指标体系。本书诠释了坚定不移走中国特色经济发展道路解决民族地区经济发展问题的自信，为实现内蒙古自治区经济、自然和社会"三维一体，以人为本"的全面协调可持续发展及和谐民族关系的构建提供理论支持，对于推动新时代下内蒙古自治区经济发展和中国少数民族经济理论创新提供坚实的物质基础。

（二）实践意义

经济发展新时代下，提高经济发展质量是内蒙古自治区"十三五"及以后相当长时期经济发展的主要任务。主动适应新时代，努力克服经济下行压力，实现内蒙古自治区经济运行总体平稳、稳中有进、稳中有好，是提高内蒙古自治区经济发展质量的外在表现；统筹做好稳增长、促改革、调结构、惠民生、防风险工作，是提高内蒙古自治区经济发展质量的内在动力；坚持"以人民为中心的发展思想"，是提高内蒙古自治区经济发展质量的抓手；贯彻落实创新、协调、绿色、开放、共享的发展理念，是提高内蒙古自治区经济发展质量的旨归。本书深刻理解和把握内蒙古自治区经济发展新时代的极端性特征，基于"三遵循三发展"理念构建新时代下内蒙古自治区经济发展质量评价指标体系，科学研究新时代下内蒙古自治区经济发展各关键维度，找出新时代下内蒙古自治区经济发展存在的短板，提出新时代下提高内蒙古自治区经济发展质量的政策建议。本书最终的研究成果，能够为政府机构、科研院所、智囊机构等部门提供数据支持，对发展概念外延的界定与研究，对于"十三五"时期实现内蒙古自治区经济又好又快发展，全面建成小康社会，以及实现人口、资源、环境与经济协调发展具有重要的实践意义，能够使人们重新审视发展理念，指导经济建设。

第二节　研究思路与研究价值

一、研究思路

本书深入分析新时代下内蒙古自治区经济发展呈现出的新特征与新趋势、新挑战与新机遇，探寻应对新时代的新理念与新思维、新动力与新举措，以提高经济增长质量和效益为中心，以改革发展成果惠及全体人民为总基调，科学认识并自觉遵循发展规律，认真贯彻落实"以人民为中心"的发展思想，把经济的科学发展、自然的可持续发展和社会的包容性发展作为衡量内蒙古自治区经济发展质量的重要内容，提炼出经济、自然和社会三个关键维度，构建内蒙古自治区经济发展质量评价指标体系。研究思路框架如图1-1所示。

二、研究价值

（一）学术价值

第一，对经济增长质量和经济发展质量的概念进行区分和界定。在查阅大部分文献资料时，可能是由于时代背景的局限，有很多学者对"经济增长"和"经济发展"这两个概念界定不是很清楚，所以造成文章题目不同，而指标体系却相似的情况。

经济增长侧重于经济内部，主要研究GDP和人均GDP的持续增长及经济增长的有效性，包括经济增长的稳定性、持续性和增长的效率等。经济发展的主要内容不仅涵盖经济内部，还包括经济与自然、经济与社会之间的相互关系。经济增长质量更加注重经济增长效益，经济发展质量更加注重经济增长结果。经济发

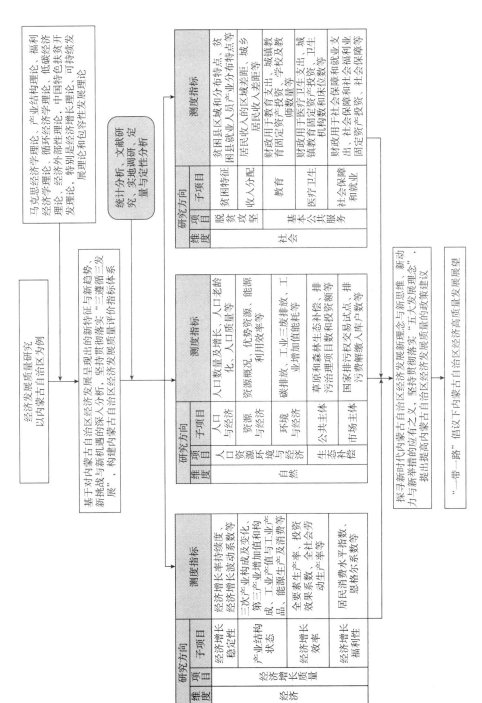

图 1-1　研究思路框架

展质量的概念外延显然比经济增长质量的概念外延更加广泛，包含人类发展所面临的经济内部以及经济与社会、自然和环境之间的协调状态。

第二，对内蒙古自治区经济发展质量评价体系构建从经济、自然和社会三个维度进行分析是一种有益的尝试，并且融入包容性发展理念，提升了课题的研究价值。

（二）应用价值

长期以来，内蒙古自治区经济依托资源禀赋和要素驱动实现了快速发展，但也存在着对政府的依赖性强、增长方式粗放、经济发展质量不高、环境代价大、包容性程度低等问题。当前，世界经济仍处在深度调整期，预计未来一段时间内经济仍将面临诸多不稳定、不确定因素，复苏道路依然曲折。国内经济发展也处于转型升级和结构调整的关键期。综合国内外发展形势，中央适时提出"新时代"的论断，并通过"一带一路"的建设，开拓中国参与世界经济发展的新思路。内蒙古自治区作为国家重要的能源基地、有色金属生产加工基地、绿色农畜产品生产加工基地和新型化工基地，是我国向北开放的重要桥头堡，是"环渤海经济区"的重要地区之一，更是"一带一路"中草原丝绸之路经济带的重要节点。对内蒙古自治区来说，在新的历史条件下，机遇与挑战并存。在这样的背景下，以提高经济增长综合质量和效益为中心，把内蒙古自治区经济的稳定发展、生态环境的可持续发展和社会的包容性发展作为衡量内蒙古自治区经济发展质量的关键维度，放到更加重要的位置，探寻提高内蒙古自治区经济发展质量的新思路、新举措，为调整优化产业结构、挖掘内蒙古自治区经济增长的新动力、各民族共享发展红利以及和谐民族关系的构建提供物质基础。

第三节　研究方法与创新之处

一、研究方法

本书基于新时代下内蒙古自治区经济发展质量评价指标体系，对相关项目测度指标运用了统计分析、文献分析、实地调研等定性与定量相结合的多种分析方法加以研究，并以"五大发展理念"为旨归提出了新时代下提高内蒙古自治区经济发展质量的政策建议。本书深入研究的思想和理论基础主要包括：马克思经济学理论、产业结构理论、福利经济学理论、循环经济学理论、低碳经济理论、经济外部性理论、中国特色扶贫开发理论，特别是经济增长理论、可持续发展理论和包容性发展理论。

（一）文献研究

文献资料的整理、分析和总结是本书的基础，是开始写作时的重点。本书对于经济增长与经济发展概念的界定，经济发展评价指标体系的构建，内蒙古自治区经济、自然和社会维度项目的选取，以及项目数据的获取等内容，都要运用文献研究的方法进行归纳总结，从而理清思路，进行写作。

（二）统计分析

统计分析是经济研究的必要工具，本书充分利用《内蒙古统计年鉴》及其他年鉴数据，利用统计学方法对数据进行加工处理计算，从而形成对相关数据指标的科学研判。

（三）实地调研

实地调研是民族社会学的主要方法，本书对社会维度的脱贫攻坚和基本公共服务项目的研究，除通过客观统计数据分析外，还通过实地调研的方法了解相关情况。

综上所述，在对各项资料进行汇总评价时，既要进行定量分析，也要进行定性分析，两者相结合才能达到主观与客观的统一，明确问题的本质。

二、创新之处

首先，依据习近平总书记系列重要讲话精神和"以人民为中心"的发展思想，深刻把握新时代赋予内蒙古自治区经济发展质量的新内涵，创新构建内蒙古自治区经济发展质量评价指标体系，提炼出经济、自然和社会三个关键维度及相关研究项目。

其次，运用马克思经济学理论、产业结构理论、福利经济学理论、循环经济学理论、低碳经济理论、经济外部性理论、中国特色扶贫开发理论，特别是经济增长理论、可持续发展理论和包容性发展理论，深刻理解和把握新时代下内蒙古自治区经济呈现出的新特征与新趋势、新挑战与新机遇，分析研究内蒙古自治区经济发展中经济、自然和社会三个关键维度相关项目的子项目。

最后，依据经济、自然和社会维度相关研究结论，以"创新、协调、绿色、开放、共享"五大发展理念为引领，聚焦全面建成小康社会，科学分析新时代下内蒙古自治区经济发展存在的短板，提出提高内蒙古自治区经济发展质量的政策建议。

第四节　国内外研究综述

一、国外学者关于经济发展质量的研究进展

国外学者对经济发展质量的研究，往往不用质量这个词，因为质量往往指产品质量优劣，所以国外对经济发展的研究就等同于经济发展质量的研究。国外学者对此问题的研究强调某个要素与经济发展的关系或影响，如 Maw – Lin Lee、Ben – Chieh Liu 和 Ping Wang（1994）在《教育、人力资本提升与经济发展：基于韩国和台湾的比较》一文中，调查了经济发展的主要决定因素，包括供给侧因素（技术进步、资本积累和人力资本）和需求侧要素（政府和出口），得出技术进步在韩国经济发展中扮演了重要角色，中国台湾经济发展主要依赖于人力资本质量的提升的结论。Jean – Luc de Meulemeester 和 Denis Rochat（1995）在《高等教育与经济发展因果关系分析》一文中，用瑞典、英国、日本和法国的数据证明了教育提高与经济发展具有因果关系，但同时强调意大利和澳大利亚与此不同，从而否定了一些社会学家的观点。German Cubas、B. Ravikumar 和 Gustavo Ventura Talent（2015）在《劳动生产率与经济发展》一文中分析了富裕国家的劳动生产率是贫穷国家劳动生产率的两倍，从而说明劳动生产率对经济发展的重要意义，而不仅仅考虑劳动力的数量。Z. H. Jiang、D. Y. Liu、Y. Chen 和 Y. L. Liu（2009）在《基于控制理论的能源—环境—经济的可持续发展研究》一文中，提出了大

连 2020 年的能源环境经济可持续发展的可行路径。Laurie Kaye Nijaki 和 Gabriela Worrel（2012）在《采购政策对当地经济可持续发展的影响》一文中，认为考虑环境因素的政府采购计划对发展当地绿色经济是一种有效工具，强调了绿色经济发展理念。Abdullah H. Albatel（2003）在《沙特阿拉伯政府活动和政策与经济发展》一文中，认为政府在大部分发达国家和发展中国家所扮演的角色越来越重要，政府应该构建能够引导经济长远发展的经济制度。Enoch K. Beraho（2007）在《殖民历史对撒哈拉以南经济发展的影响》一文中，解释了撒哈拉以南国家面临的经济和政治问题的成因及对经济发展的制约。Neil Robinson（2011）在《俄国经济发展的政治障碍：叶利钦和普京下的现代化制约因素》一文中，认为俄国政治改革是其经济发展的条件。

二、国内学者关于经济发展质量的研究进展

国内学者关于经济发展质量的研究，根据研究主体范围不同可以分为省市区经济发展质量研究和区域经济发展质量研究。省市区经济发展质量研究涉及范围较广。例如，许永兵（2013）在《河北省经济发展质量评价——基于经济发展质量指标体系的分析》一文中，认为河北省应从调整产业结构、扩大居民消费、支持企业技术创新、落实节能减排措施、完善社保体系等方面提高经济发展质量；张士杰、陈洁（2014）在《安徽省经济发展质量评价及时空演化》一文中，运用熵值法对安徽省城市经济发展质量进行综合评价，分析了安徽省城市经济发展质量的时序变化和时空演变特征，从而得出安徽省经济发展质量整体上逐年提高但南、中、北地区差异明显的结论；姚升保（2015）在《湖北省经济发展质量的测度与分析》一文中，采用熵值法、标准离差法和 G1 法三种赋权方法分别对指标进行赋权，并运用组合赋权的综合评价模型对湖北省经济发展质量的时序演变特征进行了实证分析；董晓远、廖明中（2013）在《深圳经济发展质量的测度》一文中，在阐释经济发展质量内涵的基础上构建经济发展质量评价指标体系，并利用该指标体系和具体数据对深圳经济发展质量进行监测；王德利、王岩（2015）在《北京市经济发展质量测度与提升路径》一文中，基于数据包络分析模型及标准值法对北京市的经济发展质量进行了测度分析，提出了北京市经济发展质量的提升对策；刘小宁（2012）对黑龙江省经济发展质量进行了思考；卢亮

（2012）对河北省经济发展质量进行了评价；伍凤兰（2014）对深圳市经济发展质量进行了综合评价研究；殷颂葵（2014）对青海省 1990～2012 年经济发展质量进行了评价；李红（2014）对新疆维吾尔自治区经济发展质量与效益进行了评价；何娇（2014）对云南省经济发展质量的区域差异进行了时空分析；黄铁苗、蒋鑫（2015）对广东省经济发展质量和效益进行了探析；孙小芳（2015）对陕西省经济发展质量效益的提升机制进行了研究；高淑娴、倪保敬、陈梅梅（2016）对河北省经济发展质量进行了评价；陈昌云、荀守奎、牟勇（2016）基于主成分分析法对安徽省经济发展质量进行了评价；李豫新、王振宇（2017）在《丝绸之路经济带背景下经济发展质量评价分析——以新疆为例》一文中，以安全性、开放性、协调性和共享性建立指标体系，认为开放性和共享性是新疆维吾尔自治区经济发展质量不断上升的核心动力，安全性为新疆经济发展质量的持续改善奠定了坚实基础。区域经济发展质量研究包括：田钊平（2011）在《民族地区经济发展质量评价体系的构建及应用——基于恩施州与湖北省的对比分析》一文中，基于恩施州和湖北省相关统计数据，利用主成分分析法对其经济发展的各项评价指标进行合成化处理，计算经济发展合成指数，在与湖北省对比的基础上对恩施州的经济发展质量给予评价；范舒（2011）在《西三角地区经济发展质量的比较与实证分析》一文中，运用因子分析和聚类分析计算出西三角地区各地级市的经济发展质量指数并进行排序，发现西三角各地级市经济发展质量差距较大；魏博通、王圣云（2012）在《中部六省经济发展质量的综合评价与比较分析》一文中，利用层次分析法对 2010 年中部六省的经济发展质量进行了综合评价和比较分析，认为加大教育投入和技术创新力度、注重环境保护和提高居民生活水平是提高中部六省经济发展质量的重要保障；董继红、管晓岩（2013）在《西部地区经济发展质量评价——基于效率、潜力与和谐性视角》一文中，将区域经济质量的内涵定义为产出效率、经济结构、经济增长动力、经济辐射能力、经济福利、经济发展代价六个维度，通过时间序列与区域内省区间的比较，发现西部地区经济发展的趋势和问题，提出具有针对性的区域经济质量提升建议；孔令池（2013）在《区域经济发展质量评价及其收敛性分析——基于华东地区的经验数据》一文中，通过构建区域经济发展质量综合评价指标体系，定量测度了华东地区经济发展质量的实现程度；钟新周（2014）在《关于中国经济发展质量的探讨》一文中，分析了中国经济发展质量存在的突出问题，指明了提高经济发展质量的思路；黄启明、曹发辉（2015）在《环渤海地区各省市经济发展质量综合分析》一文中，采用主成分分析模型对各地的经济发展质量进行了测度分析，得出了该区域内各省市的经济发展质量综合评价值，并在此基础上提出了政策建议；张红（2015）在《长江经济带经济发展质量测度研究》一文中，运用主成分分析法与聚类分析法对2006～2013年长江经济带经济发展质量进行了测度与分析，认为经济发展质量的提高主要源于经济发展效率和人民生活水平的提高；孙涛、逯苗苗（2016）在《基于"克强指数扩展版"的我国省域经济发展质量分析》一文中，从技术发展层面指标、社会福利层面指标和生态保护层面指标构造出经济发展质量评价体系；成长春（2018）在《推动长江经济带高质量发展的几点思考》一文中，指出绿色发展、协调性均衡发展对于长江经济带高质量发展的重要意义；李思蓓、游新彩（2018）在《民族地区经济发展质量评价——以湘西土家族苗族自治州为例》一文中，从经济发展的有效性、稳定性、持续性和福利性四个维度构建经济发展质量评价指标体系，进行实证分析；此外，还有郑长德（2011）对中国少数民族地区经济发展质量的研究，何伟（2013）对中国区域经济发展质量综合评价研究，河南省社会科学院课题组（2014）对县域经济发展质量的评价和反思研究等。

有些学者从不同产业和行业视角对经济发展质量进行研究。例如，贾海洁、周博、李珊珊（2013）在《"十一五"期间北京工业经济发展质量研究》一文中，根据北京工业经济发展质量监测评价指标体系，对北京工业经济发展质量进行了综合评价，提出了"三个发展"推进北京工业转型升级的建议；张洪、候利莉（2015）在《基于AHP的旅游经济发展质量评价研究》一文中，运用AHP法从经济运行质量和可持续发展质量两个方面构建评价体系，对全国31个省（市、自治区）的旅游经济发展质量进行实证分析，认为旅游经济发展质量大致呈现从东—中—西递减的空间分布规律；狄乾斌、高群（2015）在《辽宁省海洋经济发展质量综合评价研究》一文中，运用灰色关联和主成分分析方法对辽宁省海洋经济发展的现状进行了分析评价，并用R/S分析预测方法对未来的发展做出预测，表明辽宁省海洋经济发展质量总体呈上升趋势；吴晓明、刘琳、杜娟（2015）在《石油产业与区域经济发展质量的耦合模型——基于四川省的实证》一文中，构建了石油产业与经济发展质量指标体系，并建立耦合关联模型，得出了四川省石油产业发展相对滞后，不同区域间石油产业与区域经济发展质量耦合协调较差的结论。黄燕玲、黄亚冰、罗盛锋（2016）在《包容性增长视角下广西旅游经济发展质量评价》一文中，从基础性、有效性、分享性构建评价市域旅游业包容性增长水平的指标体系。

有些学者从不同理论视角来分析经济发展质量。例如，王跃（2010）在《基于激励性财政政策的秦皇岛市经济发展质量研究》一文中，采用比较分析法、定性分析与定量分析相结合以及规范分析与实证分析相结合的研究方法，证明秦皇岛市在实施激励性财政政策后，经济发展质量得到明显提高；梁东黎（2012）在《我国区域经济发展质量新研究——以居民收入占比为标准的考察》一文中，以居民收入在国民收入分配中的比重这个指标作为判断标准，对经济发展质量是否提高以及经济发展方式是否转变进行宏观考察；唐国华、王志平（2013）在《环境约束下中国经济发展的质量分析》一文中，基于经济发展中存在的"高污染、低效率"问题，使用 DEA 方法，计算出绿色效率，对经济发展质量进行评价；史高阳（2013）在《江苏省经济发展质量分析——基于全要素生产率的研究（1978~2011）》一文中，说明了技术进步已经对江苏省经济的发展起到一定的推动作用，这种依靠科技进步带来的经济发展是一种可持续的发展模式；王军强（2014）在《多维成本视角的经济发展质量研究》一文中，从当前我国经济发展模式所带来的经济成本、生态成本和社会成本等成本视角来综合评价我国的经济发展质量；谭崇台（2014）在《影响宏观经济发展质量的要素——基于发展经济学理论的历史考察》一文中，从发展经济学理论的角度分析影响经济发展质量的要素，包括人口、资源与环境、资本积累、技术进步和对外贸易等；陶庆先（2014）在《环境成本内部化对经济发展质量影响分析》一文中，提出通过促进环境成本内部化来提升经济发展质量；习明明、张进铭、邓玲琴（2014）在《区域经济发展质量的影响因素研究——基于城乡收入差距的视角》一文中，从城乡收入差距的角度，利用江西省81个县（市）的面板数据，研究了江西县域经济发展质量的影响因素；李燕、李应博（2014）在《我国区域经济发展质量的测度和演化——基于真实进步指标的研究》一文中，基于面板数据，利用真实进步指标方法，测算了各地的经济发展质量，研究了影响发展质量的因素；李石新、朱艳（2017）在《湖南省农村经济发展质量评价》一文中，选择增长性、效率性、稳定性、结构性、分享性、持续性、创新性七类指标作为评价标准，运用熵权法对农村经济发展质量进行有效评价；程必定（2018）在

《从五大层面建设高质量发展的现代化经济体系》一文中，认为中国构建高质量发展的现代化经济体系应突出五大着力点，即有特色、现代化、新动能、协调性和可持续。

此外，也有学者从对策方面对经济发展质量进行研究。例如，陈彦吉（2012）从调整优化产业结构的角度研究提升经济发展质量和效益；单伟（2013）从加快产业转型升级的角度研究提高经济发展质量；龙永图（2014）从发展养老事业的角度研究提升经济发展质量；俞立平、张雨、屠光启（2014）从加快转型升级的角度研究提升经济发展质量。

三、国内学者关于内蒙古自治区经济发展质量的研究进展

关于内蒙古自治区经济质量的研究，大多聚焦于经济内部的增长质量。例如，赵秋喜（2003）在《提高内蒙古经济增长质量及其途径》一文中，认为内蒙古自治区经济高速增长的背后是要素利用的低效率，提高增长质量需要从改善供给和扩大有效需求两方面着手；韩宇哲（2013）在《内蒙古经济增长质量研究》一文中，从经济运行质量、科技进步质量、居民生活质量、资源能源和环境质量、经济增长潜能五个方面对内蒙古自治区经济增长质量进行了评价，并提出质量提升的可行战略；任保平、葛枫（2014）在《内蒙古经济增长质量的测度与评价》一文中，通过建立指标体系，运用主成分分析法得出结论，认为内蒙古自治区的经济增长质量指数呈现较为缓慢的上升态势，但与其数量上的飞速增长相比，仍有较大的提升空间；柴国君、李丹（2014）在《影响内蒙古经济增长质量的因素分析》一文中，建立以工业总产值、实际利用外资额、社会消费品零售总额三个影响因素为变量的经济计量方程，应用统计和计量回归法对其影响程度进行分析和探讨，并对内蒙古自治区经济持续、健康、快速增长提出对策建议；邰俊、安静颐（2015）在《新常态下内蒙古经济发展的新机遇》一文中，提出面对新常态，要加快培育新的增长点，通过结构性改革寻找内蒙古自治区经济增长新动力，促进内蒙古自治区经济持续健康发展；宋瑞丹（2018）在《内蒙古经济增长质量评价研究》一文中，以经济增长理论为基础，通过构建经济增长结构、经济增长稳定性、经济增长福利分配变化、经济增长资源利用与环境代价四个维度的经济增长质量指标体系，对内蒙古自治区经济增长质量指数进行测

算，提出了"优化经济结构，转变经济增长方式""把握经济规律，平抑经济增长的稳定性""提高居民收入，缩小城乡差距""提高生产要素的使用效率，改善生态环境"等措施。此外，许多学者研究了诸要素对内蒙古经济增长的影响及诸要素与内蒙古经济增长的关系等问题，对促进内蒙古自治区经济增长提出了可行建议。

关于内蒙古经济发展质量的研究较少。王来喜（2008）在《内蒙古经济发展研究》一书中，以内蒙古现象为背景，基于可持续发展的视角对内蒙古自治区经济发展的热点和难点进行探讨，涉及经济技术效率、经济增长、经济周期、农业产业化、产业结构调整、劳动力转移等问题。陈宝泉（2012）在《绿色交响——内蒙古经济发展与生态建设》一书中，系统介绍了内蒙古自治区生态建设的成就，提出生态建设促进了内蒙古自治区沙草和林业产业化，增加了农牧民收入。徐明明（2013）在《内蒙古经济发展水平与质量》一文中，运用主成分分析法从公平度、经济发展效率、经济发展代价、经济发展结构、资本形成和政府六个方面进行分析，并提出促进内蒙古自治区经济发展的对策建议。此外，对于内蒙古经济发展的研究，一种角度是从能源、边境贸易等要素与经济发展的关系入手，另一种角度是从资源诅咒视角或"一带一路"倡议的背景下来研究。

综上所述，国外学者对经济发展质量的测度，强调某一要素与经济发展的关系与影响，除了教育、人力资本和自然环境要素的分析，政治、制度、历史等要素也在分析框架中。国内学者从不同理论视角对经济发展质量的研究与国外学者的研究思路相似，但国内学者的大部分研究成果往往是综合各要素来研究地区经济发展质量的提升，但综合政治、制度、历史要素的学者较少。对于内蒙古自治区经济发展质量的研究，经济增长质量的研究较多，经济发展质量的研究较少，存在的不足体现在指标体系不全面、没有从社会角度反映经济发展的质量等方面。

第 二 章

经济发展质量评价指标体系

　　经济发展不仅是地区经济的增长，还包括该地区随着经济增长而出现的自然和社会等发展因素的结构变化。因此，对内蒙古自治区经济发展质量的研究，首先要明晰经济增长与经济发展的区别，才能构建科学的评价指标体系。

第一节　内蒙古自治区经济发展质量评价
指标体系建立的理论基础

一、国内外学者关于经济增长和经济发展质量概念界定

在研究"经济发展质量"这个问题时，首先就要对"经济增长"和"经济发展"有一个概念区分，在查阅部分文献资料时，有很多研究者对这两个概念界定不是很清楚，所以造成文章题目不同，而指标体系却相似的情况。

（一）经济增长数量和经济增长质量概念界定

经济增长是经济总量的增加、速度的增长，是实现经济增长质的提高和持久发展的必要前提。许多经济学家早期都是从经济总量的增加角度给经济增长下定义。查尔斯·金德尔伯格等在其《经济发展》一书中指出："经济增长指更多的产出，……经济增长不仅包括由于扩大投资而获得的增产，同时包括由于更高的生产效率，即单位投入所生产的产品的增加。"[①] 美国经济学家道格拉斯·格林沃尔德在其《经济学百科全书》中写道："经济增长是在某一经济中所产生的物质产品和劳务的数量在一段较长时期内的持续增加。"[②]

关于经济增长质量的界定，有的学者仅仅立足于经济的视角，有的学者引入了环境、制度、管理等视角，这就使经济增长质量和经济发展质量的概念界定上经常出现混淆。例如，苏联经济学家卡马耶夫在1977年出版的《经济增长的速度和质量》一书中强调："在经济增长这个概念中，不仅应该包括生产资源的增加、生产量的增长，而且也应该包括产品质量的提高、生产资料效率的提高、消费品的消费效果的增长。"[③] 任保平在《以质量看待增长：对新中国经济增长质量的评价与反思》一书中，认为"经济增长质量是经济数量增长到一定阶段的

[①]　查尔斯·P.金德尔伯格、布鲁斯·赫里克：《经济发展》，张欣等译，上海译文出版社1986年版，第5页。
[②]　道格拉斯·格林沃尔德：《经济学百科全书》，李滔等译，中国社会科学出版社1992年版，第392页。
[③]　卡马耶夫：《经济增长的速度和质量》，陈华山译，湖北人民出版社1983年版，第25页。

背景下，经济增长的效率提高、结构优化、稳定性提高、福利分配改善，国民经济素质与创新能力提高，从而使经济增长能够长期得以持续的状态"①。

（二）经济发展质量概念界定

从系统学的角度看，经济发展是一个渐进的过程，经济发展质量是由于增长引起的发展的结果。查尔斯·金德尔伯格等在其《经济发展》一书中指出："经济发展既包括更多的产出，同时也包括产品生产和分配所依赖的技术和体制安排上的变革，包含产出结构的改变，以及各部门间投入分布的改变。"② 他也强调经济发展的定义包括物质福利的改善和根除民众的贫困等内容。阿玛蒂亚·森在其《以自由看待发展》一书中，认为狭隘的发展观就是国民生产总值增长、个人收入提高、工业化、技术进步或社会现代化③。真正的发展需要自由，而自由依赖于教育和保健设施等社会经济安排，以及政治和公民权利。发展要求消除那些限制人们自由的主要因素，即贫困以及暴政、经济机会的缺乏以及系统化的社会剥夺、忽视公共设施以及压迫性政权的不宽裕和过度干预。赫尔曼·E. 戴利认为发展是生态、社会和经济三方面优化的集成，其核心是足够的人均福利，要求生态规模足够、社会分配公平、经济配置有效。郑长德在《中国少数民族地区经济发展质量研究》一文中，以经济效率、增长稳定性、社会公平、卫生保健、教育、居住条件、安全保证、人口发展和环境质量为项目，构建发展质量的概念框架。金碚在《关于"高质量发展"的经济学研究》一文中，指出所谓质量，是指产品能够满足实际需要的使用价值特性，而在竞争性领域，所谓质量，同时还是指具有更高性价比因而能更有效满足需要的质量合意性和竞争力特性。需要强调的是，所谓"需要"是很复杂的，特别是随着经济发展和社会进步，"需要"也是不断增进、变化的。所以，当将这一理解推演到高质量发展的概念时，就赋予了其很强的动态性，在其基本的经济学意义上可以表述为：高质量发展是能够更好满足人民不断增长的真实需要的经济发展方式、结构和动力状态。

---

① 任保平：《以质量看待增长：对新中国经济增长质量的评价与反思》，中国经济出版社 2010 年版，第 56 页。

② 查尔斯·P. 金德尔伯格、布鲁斯·赫里克：《经济发展》，张欣等译，上海译文出版社 1986 年版，第 5 页。

③ 阿玛蒂亚·森：《以自由看待发展》，任赜等译，中国人民大学出版社 2012 年版，"导论"第 1 页。

综上所述，经济增长数量是指一国经济在一定时期内总产量或国民生产总值的持续增加，经济增长质量是经济增长数量增加到一定阶段时，经济增长效率提高、结构优化、稳定性提高、福利分配改善的结果。经济发展质量是指一个国家随着经济增长质量提升而出现的经济、自然、社会结构的变化与优化，以及物质福利的改善、文教卫生的享有和民众贫困的根除。总之，经济增长质量更加注重经济增长效益，经济发展质量更加注重经济增长结果，它们是量的评价和质的规定。

二、国内外关于经济发展质量的评价指标体系

（一）国内外权威机构关于经济发展质量的评价指标体系

通过对国内外权威机构的经济发展质量指标体系进行梳理，陈洁（2014）认为，"联合国可持续发展委员会、联合国统计局和国家统计局等权威机构主要从经济、社会和资源环境方面构建指标体系；联合国环境问题科学委员会、世界银行和中国科学研究院可持续发展战略研究组等对经济发展质量的研究偏重于环境方面的指标，对其他影响可持续发展的因素考虑甚少；中国科学技术促进发展研究中心仅仅考虑了经济结构和经济效益两个方面的指标，指标体系不全面"[①]。

（二）国内学者关于经济发展质量的评价指标体系

国内学者关于经济质量的评价指标的建立，可以从度量维度进行区分，在一定程度上也体现了人们对经济增长数量、经济增长质量、经济发展质量的渐进理解。

1. 从经济角度建立评价指标体系

王寅（2010）在《扬州市经济增长质量及效益分析》一文中，从经济增长效率、经济结构状态、经济增长稳定性和持续性三个方面构建指标体系。李荣富、王萍、傅懿兵（2013）在《安徽各市经济增长质量动态多指标综合评价——基于面板数据投影寻踪模型》一文中，从经济增长的稳定性、协调性、持

---

① 陈洁：《城市经济发展质量研究综述》，《安徽广播电视大学学报》2014年第2期，第53页。

续性、潜力性和福利性五个方面构建指标体系。

2. 从经济和社会角度建立评价指标体系

郭晗、任保平（2011）在《基本公共服务均等化视角下的中国经济增长质量研究》一文中，从基础设施、基础教育、医疗卫生、公共安全、社会保障与救助等公共服务领域探讨与经济增长质量的关系。何娇（2014）在《云南省经济发展质量的区域差异时空分析》一文中，从经济发展的有效性、协调性、持续性、创新性、稳定性和分享性六个方面构建指标体系。姜锐、罗宏翔（2015）在《基于因子分析的区域经济发展质量研究》一文中，从综合经济实力、地区竞争力、地区社会能力、地区管理效率、地区可持续发展能力五个方面构建经济发展质量评价指标体系。

3. 从经济和环境两方面建立评价指标体系

刘有章、刘潇潇、向晓祥（2011）在《基于循环经济理念的经济增长质量研究》一文中，从经济发展、减量化、再利用、再循环四个角度构建经济增长质量指标体系。王德利、王岩（2015）在《北京市经济发展质量测度与提升路径》一文中，从经济效率、经济影响力、经济福利、经济发展代价四类指标构建城市经济发展质量综合评价指标体系。

4. 从经济、社会和资源环境三方面建立评价指标体系

丁岳维、朱维敏、陈小霞、谢亚卫（2011）在《转型期西北地区经济增长质量评价研究》一文中，从经济、环境资源、民生三个方面构建了经济增长质量体系。朱远程、谭敏（2012）在《北京经济发展指标体系构建及实证研究》一文中，从经济增长指标、经济结构指标和经济质量指标（包括科技指标、教育指标、社会保障和环境指标）构建了北京经济发展评价指标体系。喻新安、完世伟、王玲杰等（2014）在《县域经济发展质量的评价和反思》一文中，从发展规模、发展结构、发展效益、发展潜力、民生幸福、发展持续性、科技创新、发展外向度、农业基础能力九个方面构建了县域经济发展质量评价体系。伍凤兰（2014）在《经济发展质量的综合评价研究——以深圳市为例》一文中，从经济效益、社会效益、生态效益构建了经济发展质量评价指标体系。姚升保（2015）在《湖北省经济发展质量的测度与分析》一文中，从经济效率、经济稳定性、经济结构、资源环境代价、人民生活和社会进步六个维度构建经济发展质量评价指标体系。李伟（2016）在《新常态下苏州高新区经济发展质量分析》一文中，

从高质量经济发展的五大属性特征，即有效性、协调性、分享性、创新性、持续性出发，运用因子分析对苏州高新区的经济发展质量进行实证分析，并提出了建议。杨宝宝、欧向军、薛丽萍（2016）在《山西省区域发展质量差异的时空分析》一文中，从社会进步、经济增长和环境优化三个维度构建了区域发展质量的综合指标体系。任静静（2017）在《基于熵值法的合肥市经济发展质量评价》一文中，构建了以人民、环境、经济为一级指标的评价体系。罗宣、周梦娣、王翠翠（2018）在《长三角地区经济增长质量综合评价》一文中，从经济结构、经济增长稳定性、福利和成果分配、科技进步和资源环境五个维度优化了经济增长质量评价体系。

国内学者从经济、社会和资源环境三方面建立评价指标体系的文献中，有的题目是经济增长质量，有的题目是经济发展质量，可见学者们对经济增长质量和经济发展质量的概念有各自不同的观点，也体现出一段时间内人们对这两个概念理解的混乱。显而易见的是，经济发展质量的概念外延比经济增长质量的概念外延更加广泛，包含人类发展所面临的经济内部以及经济与社会、自然和环境之间的协调状态。

第二节 内蒙古自治区经济发展内涵和质量评价指标体系构建

一、内蒙古自治区经济发展的内涵

经济发展进入新时代，说明内蒙古自治区经济发展出现了一些有别于过去的新的阶段性特征，面临新的挑战。经济增速进入换挡期、经济结构进入调整期、环境治理进入攻坚期、社会发展进入转型期，各种矛盾叠加凸显。经济、自然和社会关键维度中各种要素对新时代下内蒙古自治区经济发展质量影响日益加深。如何协调好经济、自然和社会各要素与经济发展质量提高的关系，实现内蒙古自治区经济的平衡发展、生态环境的可持续发展和社会的包容性发展，是内蒙古自治区经济发展面临的实际问题。内蒙古自治区经济发展能不能适应新时代，经济发展质量能不能显著提高，关键就在于对新时代怎么看、新时代下怎么干。准确把握新时代赋予内蒙古自治区经济发展的新内涵，是研究提高内蒙古自治区经济发展质量的前提。

（一）内蒙古自治区经济发展之经济维度的内涵

新时代下，面对国际经济的复杂环境，面对国内改革发展稳定的繁重任务，提高内蒙古自治区经济发展质量必须深刻把握新时代赋予内蒙古自治区经济发展的新内涵，自觉遵循经济规律科学发展的要义，以加快转变经济发展方式为主线，把稳增长放在更加重要的位置，及时加强和改善宏观调控，在稳增长、调结构、促改革、惠民生、防风险等方面取得积极进展，推动内蒙古自治区经济社会实现持续健康发展。理解并把握好新时代赋予内蒙古自治区经济发展之经济维度的内涵，应更加注重以下几个方面。

1. 经济增长稳定性

经济保持中高速增长是内蒙古自治区"十三五"规划纲要提出的五年经济社会发展的主要目标之一。可见，经济增长稳定性是评价经济发展质量的一个重要方面。经济增长率从高速转向中高速，是内蒙古自治区经济发展进入新常态的基本特征之一。保持经济快速、健康、持续稳定的发展是内蒙古自治区经济发展的总体目标，经济发展要稳中求进、稳中有为。经济增长率是经济增长稳定性的关键测度指标，直接决定了经济增长的持续性和波动性。因此，经济增长率目标的确定要与"十三五"规划的任务目标相衔接。把稳增长放在更加重要的位置的同时，要自觉摆脱"速度情结"和"换挡焦虑"的思维定式，着力把加快转变经济发展方式和调整经济结构作为发展目标，兼顾增速换挡与产业升级双重要求，合理调整经济增长率，为经济发展适应新常态和引领新常态留足空间。

2. 产业结构状态

转变发展方式取得重大突破，基本形成多元发展多极支撑的现代产业体系，是内蒙古自治区"十三五"规划纲要提出的五年经济社会发展的主要目标之一。可见，产业结构状态是评价经济发展质量的一个重要方面。内蒙古自治区产业结构从增量扩能为主转向调整存量、做优增量并存的深度调整，是经济发展进入新常态的基本特征之一。把产业结构战略性调整作为转变经济发展方式的主攻方向，围绕建设"五大基地"，推动传统产业转型升级，加快发展非资源型和战略性新兴产业，促进三次产业协同带动，着力解决制约经济发展的薄弱环节和突出问题，是新时代下提高内蒙古自治区经济发展质量的重要抓手之一。三次产业构成比例、工业总产值及其构成、主要工业产品产量、能源生产总量及消费总量和第三产业增加值等是产业结构状态的关键测度指标，直接决定了产业结构调整成效。因此，在以加快转变经济发展方式为主线的同时，要着力提高供给体系质量和效率，加强供给侧结构性改革，进一步加大转方式、调结构、促创新的力度，打好"5＋4＋3"组合拳，为经济持续健康发展注入稳定而持久的动力，从而使内蒙古自治区产业结构状态从产业结构比较单一、重型化特征明显、煤炭等资源型产业比重偏高的失衡转向推进传统产业新型化、新兴产业规模化、支柱产业多元化的优化再平衡。

3. 经济增长效率

转变发展方式取得重大突破，要素结构优化，初步形成创新驱动发展格局，是内蒙古自治区"十三五"规划纲要提出的五年经济社会发展的主要目标之一。可见，经济增长效率是评价经济发展质量的一个重要方面。内蒙古自治区经济发展方式从规模速度型粗放增长转向质量效率型集约增长，经济发展动力从传统增长点转向新的增长点，是经济发展进入新常态的两个重要基本特征。经济新时代，从宏观来看是发展方式问题，从微观来看是经济增长效率问题。全社会劳动生产率、投资效果系数和全要素生产率等是经济增长效率的关键测度指标，直接决定了发展方式的转变成效。因此，必须把创新摆在发展全局的核心位置，全面实施创新驱动发展战略，提高发展质量和效益，促进经济全方位转型升级。这就要求经济增长模式从粗放式增长转向创新驱动增长，调控从总量宽松、粗放刺激转向总量稳定、预调微刺激，培育打造经济发展新引擎，把创新驱动作为经济社会发展的根本动力之一。

4. 经济增长福利性

人民生活水平和质量普遍提高，消费能力和消费层次显著提高，是内蒙古自治区"十三五"规划纲要提出的五年经济社会发展的主要目标之一。可见，经济增长福利性是评价经济发展质量的一个重要方面。经济发展新时代，稳增长、调结构、促改革要聚焦惠民生，这是全面建成小康社会的应有之义。居民消费水平指数和恩格尔系数等是经济增长福利性的关键测度指标，直接决定了人民生活水平和质量。因此，在适度扩大总需求的同时，要更加注重市场和消费心理分析，要更加注重满足人民群众需要，要深刻认识消费对经济增长的驱动作用，要把保障和改善民生作为经济发展的出发点和落脚点，着力打破长期以来居民消费水平和收入水平没有随 GDP 总量逐年扩大同步提高，甚至长期低于全国平均水平的尴尬局面。

（二）内蒙古自治区经济发展之自然维度的内涵

新的历史方位下，面对国际经济的复杂环境，面对国内改革发展稳定的繁重任务，提高内蒙古自治区经济发展质量必须深刻把握新时代赋予内蒙古自治区经济发展的内涵，自觉遵循自然规律和可持续发展的要义，以建设生态文明为主线，把绿色发展放在更加重要的位置，及时加强和改善宏观调控，在稳增长、调结构、促改革、惠民生、防风险等方面取得积极进展，推动内蒙古自治区经济社会实现持续健康发展。理解并把握好新时代赋予内蒙古经济发展之自然维度的新内涵，应更加注重以下几个方面。

1. 人口、资源、环境与经济

生态环境质量持续改善，生产方式和生活方式绿色、低碳，是内蒙古自治区"十三五"规划纲要提出的五年经济社会发展的主要目标之一。可见，人口、资源、环境与经济是评价经济发展质量的一个重要方面。随着过去十多年支撑内蒙古自治区经济高速发展的"人口红利""环境红利""资源红利"等不再风光无限，建设美丽内蒙古、全面建成小康社会面临许多难题，实现生态文明建设任重道远。人口数量及增长率、人口数量及构成、人口受教育程度、能源及主要工农业产品产量、单位 GDP 能耗、工业企业"三废"排放、碳排放总量、碳排放强度、人均碳排放量和单位工业增加值能耗等是人口、资源、环境与经济可持续发展的关键测度指标，直接决定了人口、资源、环境与经济的可持续发展。因此，面对资源禀赋和生态环境承载力约束等严峻形势，必须把生态文明建设融入经济发展全过程，形成节约资源和保护环境相结合的空间格局，进而实现绿色发展、循环发展、低碳发展，实现生产方式、生活方式和产业结构的绿色化。建设"美丽内蒙古"，坚持绿色发展和生态良好，坚持生产发展和生活富裕，劳动力总体素质提高也是不可忽视的重要因素。

2. 生态补偿

经济发展过程中注重建立和完善生态补偿制度，有利于体现和凸显自然资源的价值，有利于激励和促进生态环境保护行为，有利于缓解和消除区域发展不平衡问题，是经济发展中惠民生、防风险的重要抓手。排污治理项目数、排污治理投资额、排污费入库金额等是生态补偿的关键测度指标，直接决定了生态补偿的成效。因此，基于"谁开发、谁保护，谁破坏、谁恢复，谁受益、谁补偿，谁污染、谁付费"的原则，充分发挥生态补偿公共主体和市场主体的作用，进一步提高生态补偿市场化程度，进一步提高利益相关者的参与度。大力培育并发展环保产业，推行污染防治产权交易制度，积极探索社会资本参与生态环境保护的市场化机制。

（三）内蒙古自治区经济发展之社会维度的内涵

新的历史方位下，面对国际经济的复杂环境，面对国内改革发展稳定的繁重任务，提高内蒙古自治区经济发展质量必须深刻把握新时代赋予内蒙古自治区经济发展的内涵，自觉遵循社会规律包容发展的要义，以普遍提高人民生活水平和质量为主线，把脱贫攻坚放在更加重要的位置，努力提高改善基本公共服务水平，在稳增长、调结构、促改革、惠民生、防风险等方面取得积极进展，推动内蒙古自治区经济社会实现持续健康发展。理解并把握好新时代赋予内蒙古自治区经济发展之社会维度的新内涵，应更加注重以下几个方面。

1. 脱贫攻坚

人民生活水平和质量普遍提高，如期实现"脱贫摘帽"，是内蒙古自治区"十三五"规划纲要提出的五年经济社会发展的主要目标之一。可见，脱贫攻坚是评价经济发展质量的一个重要方面。新时代下，提高内蒙古自治区经济发展质量，带领自治区3000万各族同胞全面进入小康社会，决不让一个民族、一个地区、一个人掉队，最艰巨的任务是脱贫攻坚，最突出的短板在于全区80多万贫困人口。脱贫攻坚是从实现全面建成小康社会目标倒推，厘清到时间节点必须完成的任务。脱贫攻坚要求从迫切需要解决的问题顺推，明确破解难题的途径和方法。贫困旗县个数及分布、贫困旗县全社会就业人员和贫困旗县全体居民人均可支配收入等是脱贫攻坚的关键测度指标，直接决定了脱贫攻坚的成效。因此，新时代下内蒙古自治区脱贫攻坚要坚持目标导向和问题导向相统一，有效补齐短板、化解矛盾。脱贫攻坚的精准实施将进一步提高防风险、惠民生的成效，有利于倒逼发展方式的转变，有利于提高发展质量和效益，为经济发展提供重要保障。

2. 基本公共服务

人民生活水平和质量普遍提高，公共服务体系更加健全，基本公共服务均等化水平稳步提高，是内蒙古自治区"十三五"规划纲要提出的五年经济社会发展的主要目标之一。可见，基本公共服务是评价经济发展质量的一个重要方面。享有基本公共服务属于公民的权利，提供基本公共服务是政府的职责。抓住人民最关心、最直接、最现实的利益问题，是坚持立党为公、执政为民的本质要求，体现了党中央坚持以民为本的执政理念。财政用于教育支出及占地区生产总值的比例、城镇教育固定资产投资额、学校和专任教师数、财政用于医疗卫生支出及占地区生产总值的比例、城镇卫生固定资产投资额、卫生机构和机构人员数、每万人人口医生数、财政用于社会保障和就业支出及占地区生产总值的比例、年末城镇失业人数、登记失业人员当年就业人数、城镇社会保障业和社会福利业固定资产投资额等是基本公共服务的关键测度指标，直接决定了基本公共服务的成效。有效增加基本公共服务供给，既是普遍提高人民生活水平和质量的重要保障，也是经济发展的重要引擎。因此，必须认真贯彻党中央的战略决策和部署，积极适应、把握引领新时代经济发展，落实共享发展理念，坚持提高经济增长的平衡性和经济发展的包容性并重，促进经济社会全面协调发展，稳步提高基本公共服务供给能力和均等化水平，补齐经济发展短板，维护社会和谐稳定，从而达到防风险、惠民生、确保如期全面建成小康社会的目的。抓住人民最关心、最直接、最现实的利益问题，有助于新时代下进一步提高内蒙古自治区经济发展质量，高水平地全面建成小康社会。

二、内蒙古自治区经济发展质量评价指标体系的构建

直面新时代赋予内蒙古自治区经济发展的新内涵，从当前内蒙古自治区经济发展的阶段性特征出发，适应新常态，引领新时代，坚决走"以人民为中心"的发展之路，即坚决走遵循经济规律的科学发展，遵循自然规律的可持续发展，遵循社会规律的包容性发展之路。"三遵循三发展"指明了发展必须遵循的规律及发展质量评价的依据，在指导新时代下提高内蒙古自治区经济发展质量的实践中起到度量衡作用，必将成为新时代下内蒙古自治区经济发展质量评价指标体系构建的根本遵循。本书深刻把握新时代下赋予内蒙古自治区经济发展的内涵，依据经济发

展相关理论和实践研究，基于"三遵循三发展"提炼出经济、自然和社会三个关键维度，创新构建内蒙古经济发展质量评价指标体系，如表2-1所示。

表2-1 内蒙古自治区经济发展质量评价指标体系

研究方向			测度指标
关键维度	项目	子项目	
经济	经济增长质量	经济增长稳定性	经济增长率持续度、经济增长波动系数等
		产业结构状态	三次产业构成及变化、第三产业增加值和构成、工业产值与工业产品，能源生产及消费等
		经济增长效率	全要素生产率、投资效果系数、全社会劳动生产率等
		经济增长福利性	居民消费水平指数、恩格尔系数等
自然	人口、资源、环境与经济	人口与经济	人口数量及增长、人口老龄化、人口质量等
		资源与经济	资源概况、优势资源、能源利用效率等
		环境与经济	碳排放、工业三废排放、工业增加值能耗等
	生态补偿	公共主体	草原和森林生态补偿、排污治理项目数和投资额
		市场主体	国家排污权交易试点、排污费解缴入库户数和入库金额
社会	脱贫攻坚	贫困特征	贫困县区域和分布特点、贫困县就业人员产业分布特点等
		收入分配	居民收入的区域差距、城乡居民收入差距等
	基本公共服务	教育	财政用于教育支出、城镇教育固定资产投资、学校及教师数量等
		医疗卫生	财政用于医疗卫生支出、城镇教育固定资产投资、卫生机构数和床位数、每万人医生数、每万人床位数、基本医疗保障及医疗保健人均消费支出等
		社会保障和就业	财政用于社会保障和就业支出、失业和就业人数、社会保障和社会福利业固定资产投资、社会救济和社会优抚、社会福利业、社区服务、社会保障等

经济维度主要研究经济增长质量项目，旨在分析内蒙古自治区经济增长过程中的关键要素，包含经济增长稳定性、产业结构状态、经济增长效率和经济增长福利性四个子项目。

自然维度主要研究人口、资源、环境与经济和生态补偿两个项目。其中，人口、资源、环境与经济项目旨在分析内蒙古自治区经济发展质量提升过程中，人口、资源、环境与内蒙古地区经济发展的协调统一关系，包含人口与经济、资源与经济和环境与经济三个子项目。生态补偿项目旨在找出符合内蒙古自治区经济发展实际且稳定持续的生态效益补偿机制，包含公共主体和市场主体两个子项目。

社会维度主要研究脱贫攻坚和基本公共服务两个项目。其中，脱贫攻坚项目旨在研究分析实现共同富裕要解决的突出问题，包含贫困特征和收入分配两个子项目；基本公共服务项目旨在增加社会中所有人对发展机会的利用，共享发展成果，包含教育、医疗卫生、社会保障和就业三个子项目。

新时代下，提高经济发展质量要聚焦全面建成小康社会，更多地体现以人为本。可以说，新时代下提高经济发展质量要求更加注重发展的平衡性、包容性和可持续性，要以提高发展质量和效益为中心，要以人民生活水平和质量是否普遍提高为衡量标准。从经济的协调发展，到自然的可持续发展，再到社会的包容发展，这些方面都是经济发展的应有之义。因此，笔者选取经济、自然和社会为新时代下内蒙古自治区经济发展质量评价指标体系的关键维度加以研究。

第 三 章

经济发展质量之经济维度

实施西部大开发战略以来，得益于投资"马车"的强劲拉动和资源型产业的快速扩张，内蒙古自治区 GDP 总量逐年扩大，GDP 增长率自 2002 年以来连续 8 年保持全国第一（见表 3–1）。由于内蒙古自治区经济发展中对传统经济发展模式的过度依赖，投资始终是拉动经济增长的主要手段，煤炭是支撑经济增长独大的产业，加之国际国内环境的深刻变化，2010 年以后，内蒙古自治区 GDP 增长率开始逐年回落。2013 年以来，内蒙古自治区经济发展的显著性特征是经济进入新常态，发展面临"三期叠加"矛盾，"投资依赖症"痼疾难除，加之产业结构比较单一、科技支撑能力不强、经济增长动力不够均衡、传统经济发展模式效益大幅降低、未完成从要素驱动向创新驱动任务转变等原因，造成内蒙古自治区经济发展内生动力不足，经济高速运行若干年后，变成中高速，GDP 增速从百分之十几降到百分之四，GDP 增长率退到后十名。经济规律告诉人们，经济增速至此需要换挡。新常态下必须深刻理解和把握速度转化、发展转型、动力转换的科学内涵，才能在转变发展方式上取得重大突破，才能提高经济发展质量和效益，才能促进经济持续健康发展。

表 3 – 1　2000～2017 年内蒙古自治区 GDP 总量、增长率及增长率全国排名

项目 年份	GDP 总量（亿元）	GDP 增长率（％）	GDP 增长率全国排名
2000	1539.12	—	—
2001	1713.81	—	—
2002	1940.94	12.1	1
2003	2388.38	16.3	1
2004	3041.07	19.4	1
2005	3905.03	21.6	1
2006	4944.25	18.0	1
2007	6423.18	19.0	1
2008	8496.20	17.2	1
2009	9740.25	16.9	1
2010	11672.00	14.9	6
2011	14359.88	14.3	4
2012	15880.58	11.7	17
2013	16916.50	9.0	9
2014	17770.19	7.8	23
2015	17831.51	7.7	24
2016	18632.57	7.3	24
2017	16103.2	4	29

资料来源：根据 2018 年《内蒙古统计年鉴》3 – 1、内蒙古统计公报数据整理得出。

第一节　研究的理论基础

一、马克思政治经济学理论

马克思政治经济学强调辩证唯物主义和历史唯物主义。辩证唯物主义就是运用对立统一规律、量变质变规律和否定之否定规律，来分析经济现象和经济过程

的矛盾运动及其发展变化过程，从而揭示经济现象和经济过程的本质及其发展运动的本质；历史唯物主义就是要把社会经济的发展和制度的变革看作是一种客观的、必然的历史过程，从而发现人类社会从低级向高级发展的一般规律[①]。

对立统一规律揭示出任何事物以及事物之间都存在着矛盾性，事物矛盾双方对立统一。经济增长与经济发展的关系是对立统一的，一方面经济增长不等于经济发展，它们是矛盾的；另一方面经济增长是经济发展的前提，经济增长和经济发展又是统一的。

质量互变规律强调事物的发展变化存在量变和质变，量变表现为事物及其特性在数量上的增加或减少；质变是事物根本性质的变化，是由一种质的形态向另一种质的形态的突变。在经济增长与经济发展的关系中，经济增长是量变，经济发展是质变，当量变达到一定程度后，经济增长才会转化为经济发展。

否定之否定规律表明事物自身发展是由肯定、否定和否定之否定诸环节构成的。其中，否定之否定是过程的核心，是事物自身矛盾运动的结果，矛盾的解决形式。在经济增长到经济发展的认识过程中，存在着肯定、否定和否定之否定的思维过程。

二、产业结构理论

早在 17 世纪，古典经济学家威廉·配第就发现，产业结构的不同是世界上不同国家经济发展处于不同阶段、收入水平存在差异的关键原因。在威廉·配第研究的基础上，19 世纪克拉克计量和比较了不同的收入水平下，就业人口在三次产业中分布结构的变动趋势，形成配第—克拉克定理，指出随着经济的发展和人均国民收入水平的提高，劳动力首先由第一产业向第二产业转移，当人均国民收入水平进一步提高时，劳动力便向第三产业转移。20 世纪，库兹涅茨对各国国民收入和劳动力在产业间分布结构的变化进行统计分析，得出产业结构演变规律，即著名的库兹涅茨法则，说明了产业结构演变过程是一种阶段发展的有序过程，产业结构的变动受到人均国民收入的影响。概括来说，产业结构理论主要研

---

① 张艳华：《论马克思主义政治经济学方法及其意义——读〈政治经济学批判〉导言有感》，《知识经济》2012 年第 2 期，第 87 页。

究产业结构的演变及其对经济发展的影响。其研究大体按照两个层次进行：一个是从广义的产业概念出发研究产业之间的关系，主要是三次产业间的关系；另一个是从狭义的产业概念出发研究产业之间的关系，主要是工业内部各产业间的关系①。对于内蒙古自治区经济增长的研究，离不开对内蒙古自治区产业结构的研究，既包括对内蒙古自治区三次产业的比例关系的分析，也包括对内蒙古自治区主导产业内部的比例关系的分析。新时代下，内蒙古自治区产业结构的优化升级势在必行。

三、经济增长理论

关于经济增长理论的研究，本质上就是解释经济增长的源泉。其中，以哈罗德和多马为代表的"资本决定论"认为，自然资源供给状况会影响经济增长，劳动力供给会形成对经济增长的约束，只有物质资本是启动经济增长的必要条件。以索洛、阿罗和保罗、罗默为代表的"技术进步论"认为，在要素资源投入量一定、资源配置处于帕累托最优状态的情况下，技术进步是决定经济增长水平的关键因素。以舒尔茨和卢卡斯为代表的"人力资本论"认为，人力资本才是经济增长的主要源泉。对于经济增长理论，新结构经济学提出者林毅夫认为索洛的研究成果揭示了资本积累（包括物质资本和人力资本）和技术变迁在经济增长过程中的重要性。从 Becker、Heckman、Lucas 以及其他许多人的研究贡献中，我们同样明白了人力资本的重要性；而从罗默以及内生增长理论家那里，我们明白了需要将增长理论的关注点从要素积累转向知识创造和创新②。资本、技术、劳动力等要素都是经济增长的关键要素，在经济发展的不同阶段，其作用大小也会变化，具体分析内蒙古自治区近十几年来相关要素的变动情况，对于把握经济增长的特征至关重要。

四、庇古福利经济学理论

福利经济学是现代西方经济学的一个重要理论分支，1920 年庇古出版了

---

① 李孟刚、蒋志敏：《产业经济学理论发展综述》，《中国流通经济》2009 年第 4 期，第 30 页。
② 林毅夫：《新结构经济学》，中国经济出版社 2015 年版，第 136 页。

《福利经济学》一书，标志着福利经济学理论体系的建立。庇古将货币视作一种特殊商品，认为货币收入同样服从边际效用递减规律。富人的收入高于穷人，富人的货币收入的边际效用却小于穷人，因此，国家通过税收将富人收入的一部分转移支付给穷人，在国民收入总量不变的条件下，会提高社会整体经济福利水平①。庇古认为，经济福利在相当大的程度上取决于国民收入的数量和国民收入在社会成员之间的分配情况。因此，要增加经济福利，在生产方面必须增大国民收入总量，在分配方面必须促进国民收入分配的均等化，收入均等化有利于提高社会整体福利水平。

第二节　内蒙古自治区经济增长稳定性分析

经济增长的稳定性是指国民经济运行的平稳状况。经济增长稳定性的要义不在于经济增长率保持一个恒定的数值不变，而在于保持在潜在增长能力附近合理区间内的上下波动。持续、稳定的经济波动有利于各项经济发展目标的实现。过度的经济波动不仅破坏经济增长的稳定机制，造成社会资源浪费，还会加大宏观经济运行的潜在风险，出现通货膨胀、高失业率等社会问题。因此，稳定性是提高经济增长质量的重要保证。经济增长稳定性可以用经济增长持续性和经济增长率波动系数来衡量。

一、经济增长持续性

美国经济学家西蒙·库兹涅茨对经济增长的持续性下了这样的定义：持续增长是指不为短期波动掩盖的一种量的增长。由此可见，经济增长不是短期的总量增加，而是一个长期概念，即从一个较长时期来看，经济总量呈现明显的上升趋势，这一趋势不受某一短时期内经济可能存在的一定程度的下滑而影响②。经济能否持续增长是判断经济增长质量的重要方面。持续性可以用经济增长率持续度

---

① 许巍：《试论福利经济学的发展轨迹与演变》，《国际经贸探索》2009 年第 12 期，第 29 页。
② 王英娟、李荣平、陈松松：《基于经济增长质量内涵的综合评价指标体系研究》，《河北企业》2011 年第 10 期，第 26 页。

来评价：经济增长率持续度 = 本年经济增长率/上年经济增长率①。经济增长率持续度大于等于1，则经济增长持续性好；经济增长率持续度小于1，则经济增长的持续性差②。从表3－2可知，2003～2017年，内蒙古自治区经济增长率持续度大于1的年份有4个，小于1的年份有11个。2003～2005年，经济增长率持续度大于等于1，表明经济增长的持续性较好；2005～2007年出现短暂波动，影响较小；2008～2016年经济增长率持续度小于1，持续性变差；2017年，GDP增速出现"断崖式"下降，降为4%，使经济增长持续度迅速下降到0.55。整体来说，自2008年金融危机席卷全球以来，国际市场资源价格波动直接影响国内资源价格，内蒙古自治区主要依靠资源型产业扩张的经济增长，受经济周期波动影响较大。

表3－2 2003～2017年内蒙古自治区经济增长率持续度

年份	2003	2004	2005	2006	2007	2008	2009	2010	2011	2012	2013	2014	2015	2016	2017
经济增长持续度	1.35	1.19	1.11	0.83	1.06	0.91	0.98	0.88	0.96	0.82	0.77	0.87	0.99	0.95	0.55

资料来源：根据内蒙古统计局官网的统计公报数据整理得出。

二、经济增长率波动系数

考察经济增长稳定性的另一个重要指标是经济增长率波动系数。经济增长率波动系数 = |（当期经济增长率 － 上期经济增长率）÷上期经济增长率|③。根据国际经验，经济增长率增速在 －30%到30%之间，经济增长稳定性好；在 －50%到 －30%及30%到50%之间，经济增长稳定性差；大于50%或小于 －50%，经济增长稳定性极差。从表3－3可知，2003～2017年内蒙古自治区经济增长波动率系数除2003年、2017年超过|30%|外，其余年份都控制在|24%|的范围之内，

① 陈丽：《南通市经济增长的质量和效益浅析》，《统计科学与实践》2014年第12期，第44页。
② 殷萍萍：《黑龙江省经济运行的稳定性分析》，《商业经济》2011年第24期，第8页。
③ 李荣富、王萍、傅懿兵：《安徽各市经济增长质量动态多指标综合评价——基于面板数据投影寻踪模型》，《淮北师范大学学报》（哲学社会科学版）2013年第5期，第43页。

表明整体经济增长波动较平稳。但是值得注意的是，从 2008 年开始直到 2017 年，内蒙古自治区经济增长波动系数始终为负数，说明经济增长率降低，经济增长呈现明显放缓的趋势，从另一个层面印证了内蒙古自治区经济增长效率总体上呈现出边际效益递减，基于投资拉动和资源型产业扩张的传统经济发展模式难以为继。

表 3 - 3　2003 ~ 2017 年内蒙古自治区经济增长率波动系数　　　单位:%

年份	2003	2004	2005	2006	2007	2008	2009	2010
经济增长率波动系数	34.7	19	11.3	-16.7	5.6	-9.4	-1.7	-11.8
年份	2011	2012	2013	2014	2015	2016	2017	
经济增长率波动系数	-4	-18.2	-23.1	-13.3	-1.3	-5.2	-45.2	

资料来源：根据内蒙古统计局官网的统计公报数据整理得出。

第三节　内蒙古自治区产业结构状态分析

产业结构反映国民经济各产业部门之间以及各产业部门内部的构成。产业结构调整包括合理化和高级化。产业结构合理化具体表现为产业之间的数量比例关系的平衡过程；产业结构高级化又称为产业结构升级，一般遵循产业结构演变规律，是经济发展重点或产业结构重心由第一产业向第二产业和第三产业逐次转移的过程。产业结构状态是反映经济增长质量的主要内容，通过分析内蒙古自治区三次产业结构的变化，以及第三产业增加值比重、资源型产业比重变化等，能够探寻内蒙古自治区经济增长质量存在的问题。

一、三次产业构成及变化

三次产业结构是国民经济中反映经济结构的重要内容。从三次产业构成及变化情况能够准确判断、分析产业结构的特征和存在的问题，对于准确判断内蒙古自治区工业化发展所处阶段、加快转变经济增长方式、推动经济又好又快发展具有重大意义。从表 3 - 4 可知，2009 ~ 2015 年内蒙古自治区第一产业占 GDP 的比重在 9% 左右，第二产业占 GDP 的比重在 50% 以上，第三产业占 GDP 的比重总体上接近40%，可以判断内蒙古自治区的产业结构形态处于快速工业化时期。在这个阶段内，投资驱动是推动经济发展最强大的驱动力，资源密集型产业是经济发展的主导产业。结合内蒙古自治区实际，投资作为拉动经济增长的主要手段，煤炭作为支撑经济增长独大的产业，在这个阶段内难以根本扭转，还将存在一段时间。从第一产业分析，2000～2012年内蒙古自治区第一产业比重逐年降低，由22.8%降到9.1%；2009～2016年，比重维持在9%左右，基本保持稳定，没有持续降低；2017年显著提升，这与内蒙古自治区是国家重要的商品粮基地和畜产品基地直接相关，说明把内蒙古自治区建成绿色农畜产品生产加工输出基地初见成效。从第二产业分析，2000～2011年第二产业比重逐年升高，由37.9%提升到56%，从2012年开始回落，到2016年下降到48.7%，产业比依然居于首位，但2017年第二产业占比降为39.8%，是新常态下受到"三去一降一补"政策影响的缘故。从第三产业分析，从2000～2003年出现小幅增长，达到41.9%，创历史最高；2004～2008年从41.8%逐年下降到37.8%，此后几年维持在34%～43%。这种小幅波动说明了内蒙古自治区第三产业中国民生产总值比重的不稳定性，受第一、第二产业产值影响大，第三产业发展动力不足，没有形成规模递增的持续增长。2017年，第三产业比重提升，经济转型初见成效，服务业得到快速发展。

表3－4　2000～2017年内蒙古自治区三次产业构成比例　　　　单位:%

年份	第一产业构成比例	第二产业构成比例	第三产业构成比例
2000	22.8	37.9	39.3
2001	20.9	38.3	40.8
2002	19.3	38.9	41.8
2003	17.6	40.5	41.9
2004	17.2	41.0	41.8
2005	15.1	45.4	39.5
2006	12.8	48.1	39.1
2007	11.9	49.7	38.4
2008	10.7	51.5	37.8
2009	9.5	52.5	38
2010	9.4	54.5	36.1
2011	9.1	56.0	34.9

年份	第一产业构成比例	第二产业构成比例	第三产业构成比例
2012	9.1	55.4	35.5
2013	9.5	54.0	36.5
2014	9.2	51.3	39.5
2015	9.0	51.0	40.0
2016	8.8	48.7	42.5
2017	10.2	39.8	50.0

资料来源：根据 2018 年《内蒙古统计年鉴》3 - 2 数据整理得出。

二、工业产值及工业产品

第二产业特别是工业是内蒙古自治区经济增长的主导力量。从表 3 - 5 可知，2000 年以来，内蒙古自治区工业构成中重工业比重偏高，轻工业比重偏低。2000 ~ 2016 年，内蒙古自治区工业总产值逐年递增，同期重工业所占比例在波动中逐年递增。结合内蒙古自治区实际，其正处在重工业快速发展阶段，产业以资本密集型产业为主，即所谓"重工业化"或"重化工业化"。2004 年以后，重工业和轻工业所占比例相对稳定，重工业所占比例没有逐年显著递增，轻工业所占比例没有逐年显著递减，说明 2004 年以后重工业和轻工业投资报酬（技术进步）差异明显减小，重工业"报酬递减"和轻工业"报酬递增"日益明显，重工业单位成本下降的潜力减弱，轻工业单位成本下降的潜力增加。随着工业投资的增加、产量的加大，重工业将比轻工业面临更多"三去一降一补"的压力。

表 3 - 5　2000 ~ 2016 年内蒙古自治区工业总产值及其构成

项目 年份	工业总产值 （亿元）	按轻重工业分		所占比例	
		轻工业（亿元）	重工业（亿元）	轻工业（%）	重工业（%）
2000	1202.85	464.26	738.59	39	61
2001	1347.19	536.76	810.43	40	60
2002	1535.80	614.38	921.42	40	60
2003	1935.11	754.71	1180.40	39	61

项目 \ 年份	工业总产值（亿元）	按轻重工业分		所占比例	
		轻工业（亿元）	重工业（亿元）	轻工业（%）	重工业（%）
2004	2805.21	893.21	1912.00	32	68
2005	3861.58	1171.70	2689.88	30	70
2006	5201.12	1506.72	3694.40	29	71
2007	7143.37	2069.37	5074.00	29	71
2008	9894.76	2869.48	7025.28	29	71
2009	12707.52	3685.18	9022.34	29	71
2010	16020.00	4645.80	11374.20	29	71
2011	20472.95	6141.89	14331.06	30	70
2012	21933.29	6579.99	15353.30	30	70
2013	24137.53	6951.61	17185.92	29	71
2014	23820.79	6908.03	16912.76	29	71
2015	23424.87	6793.21	16631.66	29	71
2016	23482.50	6809.92	16672.58	29	71

注：工业总产值按核算口径工业总产出计算。

资料来源：根据2017年《内蒙古统计年鉴》13-2数据整理得出。

主要工业产品产量情况能够直观反映内蒙古自治区工业结构状态。从表3-6可知，水泥、生铁、成品钢材、钢、发电量、原煤是内蒙古自治区的主要工业产品，其中原煤的产量最高，"一煤独大"，说明内蒙古自治区经济增长对能源资源产业依赖严重，这与内蒙古自治区重型化特征明显、煤炭等资源型产业比重偏高的产业结构状态密切相关。

表3-6 2000~2017年内蒙古自治区主要工业产品产量

年份	原煤（万吨）	发电量（亿千瓦小时）	钢（万吨）	成品钢材（万吨）	生铁（万吨）	水泥（万吨）	平板玻璃（万重量箱）	原盐（万吨）	化肥（万吨）	机制纸及纸板（万吨）
2000	7247	439.22	423.6	378.91	440.84	630	371.58	126.68	35.54	12.19
2001	8163	465.5	453.75	388.39	476.06	698	464.33	136.75	39.58	14.33
2002	11471	517.98	515.58	484.71	556.12	787.22	752.61	149.18	48.7	18.59
2003	14707	647.73	576.83	560.36	606.9	947.86	852.49	148.72	50.93	18.92

续表

年份	原煤（万吨）	发电量（亿千瓦小时）	钢（万吨）	成品钢材（万吨）	生铁（万吨）	水泥（万吨）	平板玻璃（万重量箱）	原盐（万吨）	化肥（万吨）	机制纸及纸板（万吨）
2004	21235	816.75	626.54	604.62	678.46	1282.83	1074.45	161.82	57.87	25.17
2005	25608	1056.59	805.49	747.77	922.69	1632.25	1144.59	215.84	65.58	25.74
2006	29760	1416	861.86	823.97	1108.33	2215.59	999.52	206.45	68.95	19.73
2007	35438	1931.95	1040.36	912.32	1260.09	2871.17	1395.72	246.45	84.3	25.88
2008	47270	2136	1211.03	1047.34	1256.55	3424.06	1458.32	236.81	89.05	35.53
2009	60375	2242.57	1261.94	1294.87	1437.07	4333.75	1564.89	216.98	259.13	77.97
2010	78913	2483.9	1232.84	1341.41	1358.97	5454.3	1214.12	278.42	180.82	28.84
2011	98441	2972.85	1669.75	1417.32	1431.01	6499.28	1259.53	310.99	126.06	30.91
2012	106603	3116.68	1734.14	1661.82	1326.43	5872.06	549.07	253.46	123.03	14.97
2013	99055	3567.14	1978.56	1797.74	1367.23	6497.96	521.63	243.02	113.69	11.91
2014	99391	3857.81	1661.48	1763.16	1330.72	6310.12	629.31	193.67	126.08	29.06
2015	90957	3928.77	1735.11	1897.16	1461.40	5802.75	1014.00	164.57	292.96	12.32
2016	84559	3949.81	1813.24	2016.81	1469.37	6313.56	1001.23	154.90	250.19	12.27
2017	102849	—	2877	2876.21	1997	8138.08	1050	—	—	—

资料来源：根据 2017 年《内蒙古统计年鉴》13 - 10、2018 年《内蒙古统计年鉴》13 - 4 数据得出。

能源生产总量是反映能源生产水平、规模和发展速度的总量指标。能源消费总量是反映能源消费水平与增长速度的总量指标。从表 3 - 7 可知，内蒙古自治区能源生产总量和能源消费总量逐年大幅递增，并与原煤产量趋势一致。结合内蒙古自治区实际，西部大开发以来，内蒙古自治区能源生产取得了快速发展，这与投资驱动和资源禀赋密切相关；与此同时，依托丰富的矿产资源优势，高耗能产业迅猛发展，并由此成为了全国重要的电石、铁合金、电力、黑色和有色金属产品重要生产和输出基地，高耗能产业已成为内蒙古自治区工业的重要支柱。高耗能产业是粗放型发展方式的典型代表，新常态下面临巨大的去产能压力，坚持绿色发展任重道远。从 2008 年开始，未消费或省外消费能源总量开始大于内蒙古自治区区内能源消费总量，并呈拉大趋势，2015 年、2016 年和 2017 年有所减少，但数量依然较大。结合实际可知，内蒙古自治区是全国重要的能源生产基地，但能源外送通道严重短缺，"窝电"现象严重。此外，能源价格对内蒙古自治区经济发展影响日益加重。

表 3 - 7　2000 ~ 2017 年内蒙古自治区能源生产总量及消费总量

年份	能源生产总量（万吨标准煤）	能源消费总量（万吨标准煤）	未消费或省外消费（万吨标准煤）
2000	4701.23	3937.54	763.69
2001	6047.84	4453.48	1594.36
2002	8428.61	5190.12	3238.49
2003	10814.13	6612.77	4201.36
2004	15586.70	8601.81	6984.89
2005	19082.33	10788.37	8293.96
2006	22298.37	12835.27	9463.10
2007	26725.88	14703.32	12022.56
2008	33440.86	16407.63	17033.23
2009	40185.85	17473.68	22712.17
2010	49740.18	18882.66	30857.52
2011	59738.06	21148.52	38589.54
2012	64027.06	22103.30	41923.76
2013	58554.29	17681.37	40872.92
2014	60205.75	18309.06	41896.69
2015	56253.32	18927.07	37326.25
2016	52690.41	19457.05	33233.36
2017	54620.13	19914.97	34705.16

资料来源：根据 2018 年《内蒙古统计年鉴》7 - 1 和 7 - 2 数据得出。

三、第三产业增加值及主要构成

第三产业的快速发展是生产力提高和社会进步的必然结果，与人民生活水平和质量密切相关。从表 3 - 8 可知，2000 ~ 2016 年，内蒙古自治区第三产业增加值产值逐年递增，直接反映了内蒙古自治区经济的快速发展。从表 3 - 9 可知，占第三产业增加值比重较高的是批发零售业、住宿餐饮业以及交通运输、仓储和邮政业等传统服务业，整体占比达到 50% 左右。《内蒙古统计年鉴》2016 年各项目占第三产业增加值比重显示，公共管理、社会保障和社会组织所占的比重为 8.8%，教育所占比重为 5.1%，卫生和社会工作所占的比重为 3.5%，科学研究和技术服务所占的比重为 2.6%，其总和为 20%。2017 年各项目占第三产业增加值比重显示，公共管理、社会保障和社会组织所占的比重为6.7%，教育所占比重为5.8%，卫生和社会工作所占的比重为3.8%，科学研究和技术服务所占的比重为1.9%，其总和为18.2%。结合内蒙古自治区实际，不难发现内蒙古自治区经济社会发展不够协调，科技支撑能力偏弱，基本公共服务供给能力和均等化水平滞后，创新发展驱动力不足，共享发展包容性不强。

表3-8　2000~2016年内蒙古自治区第三产业增加值　　单位：亿元

年份	2000	2001	2002	2003	2004	2005	2006	2007	2008
第三产业增加值	493.93	560.43	631.28	756.38	1270.00	1532.78	1831.92	2174.46	2583.79

年份	2009	2010	2011	2012	2013	2014	2015	2016	
第三产业增加值	3696.65	4209.02	5015.89	5630.50	6236.66	7022.55	7213.50	7925.05	

资料来源：根据2001~2017年《内蒙古统计年鉴》3-5数据、内蒙古统计公报得出。

表3-9　2005~2017年内蒙古自治区第三产业增加值主要构成

年份	第三产业增加值（亿元）	交通运输、仓储和邮政业所占比重（%）	批发零售业所占比重（%）	住宿餐饮业所占比重（%）	其他行业所占比重（%）
2005	1532.78	23.5	22.1	9.1	45.3
2006	1831.92	23.5	21.6	9.4	45.5
2007	2174.46	23.5	21.1	9.4	46
2008	2583.79	24.8	21.2	9.1	44.9
2009	3696.65	20.9	24.8	8	46.3
2010	4209.02	20.8	25	7.9	46.3
2011	5015.89	20.7	24.3	7.6	47.4
2012	5630.50	21.1	25.1	7.7	46.1
2013	6236.66	20.9	24.8	7.5	46.8
2014	6922.60	18.7	25	8.1	48.2
2015	7213.50	15.1	24	8.7	52.2
2016	7925.05	14.4	23.2	8.6	53.8
2017	—	13	22.6	9.1	55.3

资料来源：根据2001~2017年《内蒙古统计年鉴》3-6、2018年《内蒙古统计年鉴》3-4数据得出。

第四节　内蒙古自治区经济增长效率分析

经济增长效率，即经济增长过程中要素投入与产出的比率，显然单位投入的产出越高，即要素的生产效率越高，经济增长率越高，经济增长质量也越高。经济增长的源泉，一种是投入要素数量的增加，另一种是投入要素生产效率的提高，而衡量要素的生产效率可以用到两个指标，即"单要素生产率"和"全要素生产率"。

一、全社会劳动生产率

全社会劳动生产率是反映劳动消耗与产出之间的数量对比关系，用一定时期的国内生产总值与同期的全社会平均从业人数的比值来表示。其计算公式为：全社会劳动生产率 = 某期 GDP 总量/同期全社会平均从业人数[①]。从表 3 - 10 可知，西部大开发政策实施以来，内蒙古自治区全社会劳动生产率有了较大幅度的增长，2003～2012 年，内蒙古自治区全社会劳动生产率呈现出加速增长的态势。霍夫曼的工业化阶段理论认为，生产要素的投入结构顺序是由劳动密集型为主转入资源密集型，再向技术密集、智力信息咨询型演化。2013 年、2014 年，内蒙古自治区全社会劳动生产率首次出现下降的趋势，预示着其资源密集型产业带动全社会劳动生产率增长的发展现状，需向高附加值的技术密集型转变。2015 年、2016 年和 2017 年，内蒙古自治区全社会劳动生产率逐步回升又下降，对人才的重视使技术密集型产业有了一定的发展，但环境的制约依然是人才引进的不利因素，需要政策的长期扶持。

表 3 - 10　2000～2017 年内蒙古自治区全社会劳动生产率

年份 项目	2000	2001	2002	2003	2004	2005	2006	2007	2008
国内生产 总值（亿元）	1539.12	1713.81	1940.94	2388.38	3041.07	3905.03	4944.25	6423.18	8496.2
三次产业就业 人员（万人）	1061.6	1067	1086.1	1005.2	1026.1	1041.1	1051.2	1081.5	1103.3
劳均产出（元）	14498.1	16061.9	17870.7	23760.3	29637.2	37507.6	47034.3	59389.8	77008.6

[①]　邓小红、罗浩：《中部六省经济增长质量的实证分析》，《金融与经济》2008 年第 12 期，第 60 页。

续表

项目＼年份	2009	2010	2011	2012	2013	2014	2015	2016	2017
国内生产总值（亿元）	9740.25	11672	14359.88	15880.58	16916.5	17770.19	17831.51	18632.57	16103.2
三次产业就业人员（万人）	1142.5	1184.7	1249.3	1304.9	1408.2	1485.4	1463.7	1474	1424.9
劳均产出（元）	85253.8	98522.8	114943.4	121700	120128.5	119632.4	121824.9	126408.2	113012.8

注：2003 年以后就业人员中不包括社会自由就业人员。

数据来源：根据 2017 年和 2018 年《内蒙古统计年鉴》3 - 1 和 5 - 2 数据得出。

二、投资效果系数

投资效果系数是反映固定资产投资使用效果的指标，用某期实现的 GDP 总量与同期固定资产投资完成额的比值来表示，其计算公式为：投资效果系数 = 某期 GDP 总量/同期全社会固定资产投资完成额①。从表 3 - 11 可知，西部大开发政策实施以来，内蒙古自治区产出投资比总体上趋于下降，这说明投资的效率总体上呈现出边际效应递减，依靠投资拉动的经济增长不可持续，同时也会造成投资过剩、产能过剩等现象。

表 3 - 11　2000 ~ 2017 年内蒙古自治区投资效果系数

项目＼年份	2000	2001	2002	2003	2004	2005	2006	2007	2008
国内生产总值（亿元）	1539.12	1713.81	1940.94	2388.38	3041.07	3905.03	4944.25	6423.18	8496.2
全社会固定资产投资额（亿元）	430.42	496.43	715.09	1209.44	1808.91	2687.84	3406.35	4404.75	5604.67
投资效果系数	3.576	3.452	2.714	1.975	1.681	1.453	1.451	1.458	1.516

---

① 邓小红、罗浩：《中部六省经济增长质量的实证分析》，《金融与经济》2008 年第 12 期，第 60 页。

年份 项目	2009	2010	2011	2012	2013	2014	2015	2016	2017
国内生产 总值（亿元）	9740.25	11672	14359.88	15880.58	16916.5	17770.19	17831.51	18632.57	16103.2
全社会固定资产 投资额（亿元）	7535.15	8971.63	10899.79	13112.01	10441.60	12074.24	13824.76	15469.50	—
投资效果系数	1.293	1.301	1.317	1.211	1.62	1.472	1.29	1.204	—

资料来源：根据 2011~2017 年《内蒙古统计年鉴》3-1 和 6-1 数据得出。

三、全要素生产率

全要素生产率是用来衡量生产效率的指标。生产效率的提高源于技术的进步、效率的改善和规模效应。其计算是除去劳动、资本、土地等要素后的余值，它只能相对衡量技术进步对生产效率的提高。全要素生产率的增长率是产出增长率超出要素投入增长率的部分，是反映科技进步的重要指标。从表 3-12 可知，1978~2003 年，内蒙古自治区全要素生产率的增长率逐年提高。2003 年，内蒙古自治区全要素生产率的增长率水平较 1978 年提升了 61.7%。随后几年，内蒙古自治区全要素生产率的增长速度基本上逐年降低，说明经济增长效率有放缓的趋势。生产效率变化、技术进步变化和规模效益变化决定着全要素生产率的变化，那么在既有的资源条件下，创新驱动显得尤为重要，技术进步对提高全要素生产率具有重要的现实意义。如表 3-13 所示，2011~2015 年，内蒙古自治区全要素生产率指数增长先降后升，体现出近年来内蒙古自治区对技术要素的重视，在科技创新方面的投资与引进正在初见成效。

表 3-12　1978~2010 年内蒙古自治区部分年份全要素生产率的增长率

年份	1978	1981	1984	1987	1990	1993	1996	1999	2003	2007	2010
1978~2010 年内蒙古自治区部分年份全要素生产率的增长率	0.94	1.14	1.18	1.25	1.32	1.41	1.51	1.51	1.52	1.51	1.49

资料来源：杨跃峰：《中国区域全要素生产率增长差异研究》，中国海洋大学经济学院硕士学位论文，2014 年，第 31 页。

表 3 – 13　2011 ~ 2015 年内蒙古自治区全要素生产率指数增长

年份	2011 ~ 2012	2012 ~ 2013	2013 ~ 2014	2014 ~ 2015
全要素生产率指数增长	0.0694	0.0114	0.0455	0.0489

　　资料来源：李小胜、安庆贤、申真：《"十二五"时期中国能源全要素生产率研究》，《系统工程理论与实践》2017 年第 6 期，第 1494 页。

第五节　内蒙古自治区经济增长福利性分析

　　经济增长福利性是对经济增长中人民生活水平和质量测评的重要项目，其中居民消费水平指数和恩格尔系数是关键测度指标。长期以来，"投资"是拉动内蒙古自治区经济增长"三驾马车"中的领头马，是第一大动力，而"消费"的作用被明显弱化，经济发展中经济福利转化始终偏弱，表现为偏重经济增长效率，社会发展支出占 GDP 比重低。李克强总理指出："消费是经济增长的重要引擎，是我国发展巨大潜力所在。在稳增长的动力中，消费需求规模最大，和民生关系最直接。"[①] 如果居民消费率没有大幅提升，转变发展方式就是一句空话，未来的平稳较快增长也不能实现。居民消费水平指数和恩格尔系数是研究经济增长福利性的重要指标。

一、居民消费水平指数

　　居民消费水平指数是反映不同时期每户（每人）消费水平变动程度的指标。从表 3 – 14 可知，2000 ~ 2017 年，内蒙古自治区居民消费指数逐年提升，表明内蒙古自治区居民消费水平不断提高，购买能力不断增强。2000 ~ 2017 年，农村居民的消费水平指数全部低于城镇居民消费水平指数，反映出农村居民消费水平与城市居民消费水平存在差距，并且这种差距有逐年扩大并趋于稳定的趋势，农村居民和城镇居民的消费差距反映出农村居民消费市场具有巨大的发展空间，同时也对扶贫攻坚提出了更高的要求。扩大消费对经济增长的拉动作用是加快转变

---

　　① 张慧光：《培养文化消费理念　激励文化消费行为——北京市提升文化消费的探索与实践》，《时事报告（党委中心组学习）》2015 年第 3 期，第 129 页。

经济发展方式的首要任务，而提高居民消费能力的关键则是要调整收入分配结构，要以"提低、扩中、控高"为重点进行收入分配改革，大幅提高居民消费率。

表 3 – 14　居民消费水平指数（1952 年 = 100）

项目 年份	全部居民	农村居民	城镇居民
2000	702.7	536.7	611.7
2001	746.2	525.9	666.2
2002	849.8	529.1	792.0
2003	889.8	556.0	820.2
2004	985.4	576.5	917.8
2005	1085.9	660.7	981.1
2006	1231.4	751.2	1089.0
2007	1454.3	833.1	1285.0
2008	1586.6	937.2	1359.6
2009	1824.6	986.9	1567.6
2010	2027.2	1134.0	1683.6
2011	2317.1	1333.5	1872.1
2012	2585.8	1518.9	2051.8
2013	2841.8	1727.0	2209.8
2014	3089	1875.5	2382.2
2015	3231.1	1976.8	2476.9
2016	3408.8	2119.1	2571.6
2017	3555.4	2265.3	2641.0

资料来源：根据 2017 年《内蒙古统计年鉴》3 – 12 数据得出。

二、恩格尔系数

恩格尔系数是食品支出总额占个人消费支出总额的比例。假设一个家庭食品支出不变，家庭收入越多，恩格尔系数越小，反之，家庭收入越少，恩格尔系数越大，所以恩格尔系数能够反映家庭的福利水平，家庭收入越多，用于购买食物的支出比例越小。从表3-15可知，城镇居民的恩格尔系数由2000年的34.50%下降到2017年的27.40%，下降了7.10个百分点；农民家庭的恩格尔系数由2000年的47.70%下降到2017年的27.90%，下降了19.8个百分点；牧民家庭的恩格尔系数由2000年的33.80%下降到2017年的27.30%，下降了6.5个百分点。虽然农民家庭食品支出总额占个人消费支出总额的比重下降最多，且近几年收入快速增长，但是27.90%的水平仍然高于城镇居民27.40%的水平。牧民家庭食品支出总额占个人消费支出总额的比重下降最少，2016年恩格尔系数与农民家庭持平，2017年恩格尔系数低于农民家庭，说明牧民家庭收入增长相对较快。整体来说，农牧民家庭的收入与城镇居民收入差距依然存在，但差距正在减小。

表3-15　2000~2017年内蒙古自治区居民恩格尔系数　　　　单位:%

年份 恩格尔系数	2000	2005	2010	2013	2014	2015	2016	2017
城镇居民	34.50	31.40	30.10	31.78	28.70	28.40	28.30	27.40
农民家庭	47.70	45.14	38.80	37.49	30.60	29.30	29.30	27.90
牧民家庭	33.80	34.29	32.00	29.76	29.80	29.50	29.30	27.30

资料来源：2014年和2017年《内蒙古统计年鉴》10-1数据整理得出。

本章小结

自西部大开发以来，内蒙古自治区经济增长速度有目共睹，纵观经济维度下内蒙古自治区经济发展的历史，总结如下：

从经济增长的持续性和波动性分析，内蒙古自治区主要依靠资源型产业扩张的经济增长，受经济周期波动和国际市场影响较大，现阶段经济增长呈明显放缓的趋势。

从产业结构状态分析，内蒙古自治区第一产业产值基本保持稳定，第二产业是其经济增长的主导力量，第三产业产值小幅波动。从第二产业的内部结构进行分析，重工业比重偏高，轻工业比重偏低，原煤产量最高，经济增长对能源资源产业依赖严重。从第三产业的内部结构进行分析，传统服务业优势明显，而关于科技、教育、基本公共服务等产业有待提高。

　　从促进经济增长的要素分析，资本要素方面，内蒙古自治区产出投资比总体上趋于下降趋势，投资的效率总体上呈现出边际效应递减，投资拉动经济增长后劲儿不足。全社会劳动生产率下降的趋势，预示着产业结构调整需向高附加值的技术密集型转变。全要素生产率的增长速度降低的趋势，说明技术进步对提高内蒙古自治区经济增长质量具有重要的现实意义。

　　从居民生活水平和质量分析，内蒙古自治区居民消费水平不断提高，购买能力不断增强。农村居民的消费水平低于城镇居民消费水平，并且这种差距有逐年扩大并趋于稳定的趋势。农民家庭、牧民家庭食品支出总额占个人消费支出总额的比重高于城镇居民家庭，农民家庭食品支出总额占个人消费支出总额的比重高于牧民家庭，这一现状映射出农村家庭、牧民家庭收入水平低于城镇家庭收入水平，农民较牧民收入水平更低。

第 四 章

经济发展质量之自然维度

　　新常态下，内蒙古自治区以往以低廉的劳动力价格、粗放廉价的自然资源开发、无视环境的高消耗和高排放的生产方式所带来的低成本竞争优势正在衰减，以优质的煤炭资源禀赋为依托的经济快速发展面临严重挑战，经济下行压力凸显。加之长期以来环境基础设施和治污设施建设严重滞后于经济建设，造成环境污染和生态破坏逐年累积叠加，生态环境问题已经成为制约内蒙古自治区经济发展的短板。阿拉善盟腾格里工业园区的环境污染问题，就曾引起党中央的高度重视。"十三五"时期，为了实现全面建成小康社会的目标，提出了生态环境改善、资源高效利用和生产生活绿色化的明确要求。面对现阶段资源约束趋紧、环境污染严重、生态系统退化的严峻形势，必须树立尊重自然、顺应自然、保护自然的生态文明理念，把生态文明建设放在突出地位，融入经济建设各方面和全过程，努力建设美丽内蒙古，实现可持续发展。生态文明是人类文明发展的一个新的阶段，即工业文明之后的文明形态，是全面建成小康社会的必然要求。现阶段提高内蒙古自治区经济发展质量，势必要求加快生态文明建设，人口、资源、环境与经济可持续发展。生态补偿是生态文明不可或缺的组成部分，它与人口、资源、环境与经济可持续发展之间是一种互利互助的关系，并且统一于经济发展之中。新时代下内蒙古自治区经济发展质量之自然维度研究，不仅应该包含人口、资源、环境与经济的可持续发展，还应该包含基于公共主体和市场主体的生态补偿。

第一节　研究的理论基础

一、可持续发展理论

1987 年 4 月，在正式出版的《我们共同的未来》一书中，将可持续发展定义为"既能满足当代人的需要，又不对后代人满足其需要的能力构成危害的发展"[①]。这一定义一直以来被广泛接受并引用。显然，可持续发展把环境危机、能源危机和发展危机联系起来，强调发展的可持续性，必须为当代人和下代人的利益改变现在的发展模式，不仅要考虑经济发展对生态环境带来的影响，也要考虑生态环境对经济发展的制约，把人们从单纯考虑环境保护引导为把环境保护与人类发展密切联系起来，实现了人类有关环境与发展思想的重要飞跃。

二、循环经济理论

早期的循环经济理论萌芽出现在 20 世纪 60～70 年代，其理论渊源包括康芒纳所著的《封闭的循环：自然、人和技术》一书，"罗马俱乐部"提出的"人类经济增长的极限"，还有鲍尔丁提出的"宇宙飞船理论"。对于循环经济的定义，国家发改委认为是一种以资源的高效利用和循环利用为核心，以"减量化、再利用、资源化"为原则，以低消耗、低排放、高效率为基本特征，符合可持续发展理念的经济增长模式[②]。2006 年，吴季松对循环经济理论进行了创新，提出了5R 理念，即再思考、减量化、再使用、再循环、再修复[③]。

传统经济中生产的产品和产生的废弃物没有被充分利用，对生态环境的负面影响较大。循环经济对可使用的废弃物进行循环永续利用，以尽可能小的环境代价获得了最大的经济和社会效益，促进了资源环境与经济的和谐发展。内蒙古自治区在经济发展质量提高的过程中，要注重生态环境的可持续发展，在资源开发

---

① 世界环境与发展委员会：《我们共同的未来》，王之佳等译，吉林人民出版社，1997 年版。
② 左铁镛：《关于循环经济的思考》，《资源节约与环保》2006 年第 1 期，第 10 页。
③ 吴季松：《循环经济的由来与内涵》，《科技术语研究》2006 年第 1 期，第 53 页。

前要确定保护区域禁止开发，在资源开采过程中要提高资源综合利用率，在社会消费环节要大力提倡绿色消费，在资源回收过程中要充分利用废弃物进行再生产。

三、低碳经济理论

2003 年，英国首相府发表了《我们能源的未来：创建低碳经济》的白皮书，提出了在 2050 年以前，要将英国的二氧化碳排放量控制在基于 1990 年的 40% 以内，使英国成为一个低碳经济国家。自"低碳经济"概念提出以来，我国学者庄贵阳较早开始对"低碳经济"的内涵进行讨论，认为低碳经济实质是高能源效率和清洁能源结构问题，核心是能源技术创新和制度创新[1]。低碳经济的战略意义在于能有效缓解经济增长与环境制约的矛盾，改变我国"两高一低"即高消耗、高排放、低效率的社会经济发展模式。金岳琴认为，从经济性角度来讲，低碳经济是指要使碳排放与经济增长脱钩，也就是说要使经济增长率高于温室气体的排放率[2]。作为能源生产输出消耗大省，内蒙古自治区经济发展质量的提高离不开低碳经济理论的指导。

四、经济外部性理论

生态系统具有外部性，如水污染、空气污染等对生态系统会造成破坏，而植树造林、保护湿地等会带来生态系统的改善，那么一个人的这些行为对另一个人的福利所产生的效果没有从货币或市场交易中反映出来，这就需要采用一些措施或途径来矫正或消除这种外部性。一种手段就是庇古手段，即通过政府干预的方式来矫正外部性。对于正的外部性给予补贴，对于负的外部性给予罚款，以使外部效应内部化。庇古税理论可作为生态补偿中的纵向补偿的理论基础。另一种手段就是科斯手段，即将外部性问题转变成产权问题，通过明晰产权、依靠市场力量来解决外部性问题。科斯定理可作为生态补偿中的横向补偿的理论基础。

---

[1]　庄贵阳：《中国经济低碳发展的途径与潜力分析》，《国际技术经济研究》2005 年第 3 期，第 10 页。
[2]　金岳琴、刘瑞：《低碳经济与中国经济发展模式转型》，《经济问题探索》2009 年第 1 期，第 84 页。

第二节　内蒙古自治区人口、资源、环境与经济

人口、资源、环境与经济是可持续发展理论的重要内容要素，它们是本身有着内在联系的统一体。人口、资源、环境与经济研究是对内蒙古自治区人口发展、自然资源、生态环境与经济发展之间相互关系的研究。绿色经济、循环经济已经成为新时代下可持续发展的重要标志，人口、资源与环境是其决定要素。

一、人口与经济

人口变量作为经济增长的内生性因素，不仅决定消费市场，还从供给和需求两个方面影响各要素市场，进而影响整个经济供给与需求的长期均衡。因此，人口是经济形成的决定因素之一，同时也是新时代下经济运行的基础性条件。

（一）人口数量及人口增长

适度的人口增长，加快了对新的自然资源的开发和利用，促进了自然资源向经济资源转化，为经济发展提供了充足的劳动力，有利于产业结构调整和经济增长。从表 4 – 1 可知，2000 ~ 2017 年，内蒙古自治区总人口数从 2372.4 万人增长为 2528.6 万人，共增长 156.2 万人，呈现逐年增长态势。2010 年后，人口增长率基本维持在 0.3% ~ 0.4% 的水平，人口规模相对比较稳定。2016 年，中国年末总人口为 138271 万人，内蒙古自治区年末总人口为 2520.1 万人，占比 1.8%。内蒙古自治区用占全国 12.3% 的土地面积养育了全国 1.8% 的人口，人口密度较低。人口作为经济增长的要素，如果数量较少，从供给和需求的角度对地区经济带来直接的影响有两点，一是造成地区劳动力供给趋紧，并推动劳动力成本上涨；二是会降低消费需求，进而削弱需求对经济增长的拉动力。就内蒙古自治区的实际情况来看，虽然人口较少，但劳动力数量不是制约内蒙古自治区经济发展的主要问题，劳动力能力低下及消费需求不足是当前内蒙古自治区人口与经济面临的主要问题。

表 4 - 1　2000 ~ 2017 年内蒙古自治区人口数量及增长率

年份 项目	2000	2001	2002	2003	2004	2005	2006	2007	2008
年末总人口（万人）	2372.4	2381.4	2384.1	2385.8	2392.7	2403.1	2415.1	2428.8	2444.3
本年比上年增长（%）	0.44	0.38	0.11	0.07	0.29	0.43	0.50	0.57	0.64

年份 项目	2009	2010	2011	2012	2013	2014	2015	2016	2017
年末总人口（万人）	2458.2	2472.2	2481.7	2489.9	2497.6	2504.8	2511	2520.1	2528.6
本年比上年增长（%）	0.57	0.57	0.38	0.33	0.31	0.29	0.25	0.36	0.34

资料来源：根据 2017 年《内蒙古统计年鉴》4 - 2 数据整理得出。

（二）人口老龄化问题

人口老龄化是指总人口中因年轻人口数量减少、年长人口数量增加而导致的老年人口比例相应增长的动态过程。其包含两层含义：一是指老年人口相对增多，在总人口中所占比例不断上升的过程；二是指社会人口结构呈现老年状态，进入老龄化社会[①]。国际上通常认为，当一个国家或地区 60 岁以上老年人口占人口总数的比重超过 10%，或 65 岁以上老年人口占人口总数的比重超过 7% 时，即意味着这个国家或地区的人口处于老龄化社会[②]。根据这个标准，中国于 2000 年开始进入老龄化社会。2010 年统计年鉴数据显示，中国 65 岁及以上老年人口占人口总数的百分比达到 9.67%。如表 4 - 2 所示，2010 年内蒙古自治区 65 岁及以上人口占内蒙古自治区总人口的百分比达到 7.56%，内蒙古自治区的人口老龄化问题也开始显现。人口老龄化对经济的影响，一方面在于劳动年龄人口比重下降将导致劳动力不足，劳动力成本上涨；另一方面在于较低劳动生产率的年长劳动力比重提高，将会导致整体劳动生产率的下降。当前内蒙古自治区正处在技术快速变革和产业结构优化升级的关键时期，老龄化对于劳动力要素的供给和劳动生产率的提高产生了负面影响。对于投资结构而言，大量资金转向老年人消费领域，如旅游休闲、医疗卫生保健、保姆服务等，直接导致生产性投资相对下降，经济增长的速度面临放缓趋势。

---

① 武康平、程婉静、冯峰：《探究我国人口年龄结构特征对经济增长波动的影响》，《经济学报》2016 年第 3 卷第 4 期，第 187 页。

② 林慧芳：《浅析人口老龄化对经济发展的影响》，《全国商情》2016 年第 12 期，第 103 页。

表 4 – 2   1982～2010 年内蒙古自治区人口数量及构成

年份 指标	1982	1990	2000	2010
总人口（万人）	1927.43	2145.65	2375.54	2470.63
65 岁及以上人口数量（万人）	69.62	85.99	127.13	186.81
65 岁及以上人口占总人口的百分比（%）	3.61	4.01	5.35	7.56

资料来源：根据 2017 年《内蒙古统计年鉴》4 – 1 数据得出。

（三）人口质量

2010 年，我国人口平均预期寿命已达到 74.83 岁，高收入国家人口平均预期寿命为 79.8 岁，与高收入国家的平均水平相差 4.97 岁。近几年来，中国的教育事业获得了快速发展，尤其是高等教育迅速扩张。2017 年，全国各类高等教育在学总规模达到 3779 万人，位居世界第一，高等教育毛入学率达到 45.7%[1]。随着人口寿命的不断延长，受教育程度的不断提高，人口素质对于经济发展的意义将会变得越来越突出。如表 4 – 3 所示，1990～2010 年，内蒙古自治区不识字或识字很少人口大幅减少，由 1990 年的 332.82 万人减少到 2010 年 113.23 万人，净减少 219.59 万人。文盲率也逐步降低，由 1990 年的 18.05% 下降到 2010 年的 5.06%，减少了 12.99 个百分点。2014 年，内蒙古自治区 15 岁及以上文盲人口占 15 岁及以上人口的比重为 4.66%[2]。在受教育程度方面，1990 年内蒙古自治区本、专科人数共计 31.73 万人，占 6 岁及以上人口的 1.72%，到 2010 年内蒙古自治区本、专科人数共计 252.19 万人，占 6 岁及以上人口的 11.28%，高学历人才数量有了很大的提升。从表 4 – 4 可以看出，2010 年，内蒙古自治区大专以上学历人口数量高于全国平均水平，小学学历人口数量低于全国平均水平，体现了义务教育和高等教育的发展，但并不乐观的是，学历较高的人才毕业后，往往选择去经济发达的一线城市或省会城市发展，经济落后的贫困地区"用人难、留人难"的现象依然存在。此外，高学历的人才在科技创新方面还没有凸显带动和引领作用，如表 4 – 5 所示，以 2003 年、2010 年和 2017 年相比较，内蒙古自治

---

① 教育部：《2017 年全国教育事业发展统计公报》，中华人民共和国教育部官网，http：//www.moe.gov.cn/jyb_ sjzl/sjzl_ fztjgb/201807/t20180719_ 343508.html，2018 年 7 月 19 日。

② 中国统计局人口和就业统计司：《中国人口和就业统计年鉴》，中国统计出版社 2015 年版，第 94 页。

区专利申请和授权及技术市场交易方面的数量都呈现增长趋势，占国家同期的比例却先降再升，但比例依然较低，说明人才在科技创新方面的能力有待提高，需要在人才培养和激励机制上改革创新，以适应社会经济发展的需要。

表 4 – 3　1990～2010 年内蒙古自治区 6 岁及

以上人口按受教育程度构成　　　　　　　　单位：万人

年份 受教育程度	1990	2000	2010
总计	1843.82	2224.41	2236.03
大学本科	10.83	24.47	91.99
大学专科	20.90	65.88	160.20
中专	42.97	89.66	—
高中	173.07	237.22	373.69
初中	546.55	826.65	968.93
小学	716.68	739.60	627.99
不识字或识字很少	332.82	240.93	113.23

资料来源：根据 2017 年《内蒙古统计年鉴》4 – 1 数据整理得出。

表 4 – 4　内蒙古自治区每十万人拥有的各种受教育程度人口比较　　单位：人

年份 学历	1990		2000		2010	
	内蒙古	全国	内蒙古	全国	内蒙古	全国
大专及以上	1475	1422	3803	3611	10208	8930
高中和中专	10056	8039	13760	11146	15125	14032
初中	25473	23344	34798	33961	39218	38788
小学	33397	37057	31134	35701	25418	26779

资料来源：根据 2001 年、2011 年《中国统计年鉴》数据整理得出。

表 4 – 5　内蒙古自治区研发经费投入及专利、技术转让情况

年份 项目	2003			2010			2017		
	内蒙古	全国	比例 （%）	内蒙古	全国	比例 （%）	内蒙古	全国	比例 （%）
R&D/GDP（%）	—	—	—	0.53	1.7	—	—	—	—
专利申请（件）	1393	251238	0.55	2912	1109428	0.26	11701	3536333	0.33
专利授权（件）	817	149588	0.55	2096	740620	0.28	6271	1720828	0.36
技术市场（万元）	108452	10846728	1.00	271464	39065753	0.69	1627852	134242200	1.21

资料来源：根据 2004 年、2011 年、2018 年《中国统计年鉴》数据整理得出。

二、资源与经济

自然资源是经济增长的物质基础和条件，自然资源的丰裕程度会影响一个国家或地区的经济增长，二者之间存在着相互促进的正相关关系。但是，如果过度依赖丰富的自然资源，不但不能促进经济增长，反而会引起产业结构失衡等一系列问题，也就是人们经常说的"资源诅咒"现象。

（一）自然资源概况

内蒙古自治区土地总面积为 118.3 万平方千米，占全国的比重为 12.3%，区域面积广袤，自然资源十分丰富，如表 4-6 所示。全区现有林地面积 2487.9 万公顷，森林资源总量居于全国前列，森林覆盖率已达 21.03%。草原资源可利用面积为 6800 万公顷，排名全国第二，仅次于西藏。内蒙古自治区是中国发现新矿物最多的省份，矿产资源具有比较优势，矿产资源的开发已成为内蒙古自治区重要的经济支柱。截至 2011 年底，在中国已经发现的 172 种矿产资源中，内蒙古自治区就有 143 种，这其中查明资源储量的达到 98 种，资源储量居全国首位的就有 12 种，居全国前 3 位的有 30 种，居全国前 10 位的有 70 种，内蒙古自治区主要矿产资源基础储量在全国 31 个省份（港、澳、台除外）中均处于相当靠前的位置[1]。与此同时，内蒙古自治区属于干旱半干旱地区，水资源严重不足，干旱半干旱地区面积占全区总面积的 80%，这些现状严重制约着内蒙古自治区工农业的可持续发展[2]。2013 年，内蒙古自治区地表水资源为 397.61 亿立方米，占全国总水量的 1.5%；地下水资源为 236.26 亿立方米，占全国地下水资源的 2.9%。2017 年，内蒙古自治区水资源总量急剧下降，水资源的短缺是制约内蒙古自治区经济增长的要素之一。

---

[1] 王浩、王锋正、陈善龙：《西部资源丰富地区经济发展如何避免资源诅咒——以内蒙古自治区为例》，《资源与产业》2014 年第 6 期，第 14 页。

[2] 杜世勇、赵曦：《内蒙古水资源利用思考》，《中国科技信息》2015 年第 23 期，第 17 页。

表 4 - 6 内蒙古自治区自然资源概况

项目 \ 年份	2010	2011	2012	2013	2014	2015	2016	2017
土地资源								
土地总面积（万平方千米）	118.3	118.3	118.3	118.3	118.3	118.3	118.3	118.3
林业用地面积（万公顷）	4394.93	4394.93	4394.93	4398.89	4398.89	4398.89	4398.89	4398.89
森林资源								
森林面积（万公顷）	2366.4	2366.4	2366.4	2487.9	2487.9	2487.9	2487.9	2487.9
森林覆盖率（%）	20.0	20.0	20.0	21.03	21.03	21.03	21.03	21.03
活立木总蓄积量（亿立方米）	13.61	13.61	13.61	14.84	14.84	14.84	14.84	14.84
草原资源								
草原总面积（万公顷）	8666.7	8666.7	8800.0	8800.0	8800.0	8800	8800.0	8800
可利用面积（万公顷）	6818.0	6818.0	6800.0	6800.0	6800.0	6800	6800.0	6800
水利资源								
水资源总量（亿立方米）	388.54	419.00	510.25	537.79	537.79	536.97	426.50	309.9
地表水资源量（亿立方米）	253.38	298.16	349.24	397.61	397.61	402.19	268.51	194.1
地下水资源量（亿立方米）	227.65	231.37	258.38	236.26	236.26	224.57	248.17	207.3
矿产资源								
煤保有储量（亿吨）	3577.45	3690.32	3730.80	3856.80	4062.37	4110.65	4173.57	4205.25
铁矿石保有储量（亿吨）	37.05	39.56	41.87	51.07	58.92	58.76	42.09	42.31
磷矿石保有储量（亿吨）	2.70	5.69	2.70	2.70	2.9	2.9	2.9	2.9
铜保有储量（万吨）	632.87	641.05	654.04	738.50	763.78	783.02	790.43	801.35
铅保有储量（万吨）	983.04	1008.13	1171.94	1368.88	1397.49	1425.1	1503.81	1637.4
锌保有储量（万吨）	2047.17	2097.95	2340.94	2700.41	2753	2833.06	3163.59	3472.56
盐保有储量（万吨）	15904.13	15904.13	15657.42	15473.86	11018.40	10828.6	10715.46	10500
稀土氧化物保有储量（万吨）	15998.00	—	—	—	—	—	—	—

注：地表水资源量与地下水资源量之和不等于水资源总量，有重复计算部分。

资料来源：根据 2010 ~ 2018 年《内蒙古统计年鉴》1 - 1 数据整理得出。

（二）优势资源与经济

内蒙古自治区是中国资源比较丰裕的省份，经济增长主要来源于第二产业中的工业。2008 ~ 2015 年，内蒙古自治区第二产业产值占地区生产总值的比重在

51%至56%之间，其中工业产值占地区生产总值的比重在45%至50%之间，高于全国的平均水平。现阶段经济发展中，内蒙古自治区优势工业行业主要集中在资源型行业，其中与内蒙古自治区经济关系最为密切的就是能源行业。近几年来，内蒙古自治区能源的生产产量占全国的比重高于其他资源，对经济影响巨大。如表4-7所示，2013年，内蒙古自治区能源生产总量为62261.61万吨标准煤，占全国生产总量的18.3%；生产原煤10.3亿吨，占全国生产总量的28%。如表4-8所示，2016年，内蒙古自治区能源生产总量为52690.4万吨标准煤，占全国生产总量的15.2%；生产原煤8.46亿吨，占全国生产总量的24.8%。如表4-9所示，2017年，内蒙古自治区能源生产总量为54620.1万吨标准煤，占全国生产总量的15.2%。综上所述，作为资源大省的内蒙古自治区，其经济增长依然具有典型的资源依赖性特征。

表4-7　2013年内蒙古自治区能源及主要工农业产品产量占全国的比重

指标　　　　　　地区	全国	内蒙古	内蒙古所占比重（%）
能源生产总量（万吨标准煤）	340000	62261.61	18.3
能源消费总量（万吨标准煤）	375000	22657.49	6.0
工农业主要产品产量			
粗钢（万吨）	77904.1	1978.56	2.5
原煤（亿吨）	36.8	10.3	28.0
发电量（亿千瓦小时）	53975.9	3520.77	6.5
汽车（万辆）	2211.7	6.95	0.3
粮食（万吨）	60194	2773	4.6
油料（万吨）	3517	158.1	4.5

资料来源：根据2014年《内蒙古统计年鉴》24-1数据整理得出。

表4-8　2016年内蒙古自治区能源及主要工农业产品产量占全国的比重

指标　　　　　　地区	全国	内蒙古	内蒙古所占比重（%）
能源生产总量（万吨标准煤）	346000	52690.4	15.2
能源消费总量（万吨标准煤）	436000	19457.1	4.5

地区 指标	全国	内蒙古	内蒙古所占比重（%）
工农业主要产品产量			
粗钢（万吨）	80836.6	1813.2	2.2
原煤（亿吨）	34.11	8.46	24.8
发电量（亿千瓦小时）	61424.9	3949.8	6.4
水泥（万吨）	241352.6	6313.6	2.6
粮食（万吨）	61625	2780	4.5
油料（万吨）	3629.5	220	6.1

资料来源：根据 2017 年《内蒙古统计年鉴》24 - 1 数据整理得出。

表 4 - 9　2017 年内蒙古自治区能源及主要工农业产品产量占全国的比重

地区 指标	全国	内蒙古	内蒙古所占比重（%）
能源生产总量（万吨标准煤）	359000	54620.1	15.2
能源消费总量（万吨标准煤）	449000	19915	4.4
工农业主要产品产量			
粗钢（万吨）	83172.8	—	—
原煤（亿吨）	35.24	—	—
发电量（亿千瓦小时）	64951.4	—	—
水泥（万吨）	233679.1	—	—
粮食（万吨）	66160	3254.5	4.9
油料（万吨）	3475	240.7	6.9

资料来源：根据 2018 年《内蒙古统计年鉴》24 - 1 数据整理得出。

（三）能源利用效率

单位 GDP 能耗是一次能源供应总量与国内生产总值的比值，是一个能源利用效率指标。该指标间接说明一个国家在经济活动中对能源的利用程度，反映经济结构和能源利用效率的变化。如表 4 - 10 所示，2000～2013 年内蒙古自治区单位 GDP 能耗基本上呈现逐年递减的态势，只有 2002～2004 年出现小幅反弹，紧接着 2005 年开始逐年下降，2010 年后每万元 GDP 能耗低于 2 吨标准煤，2013 年比上年降低 4.5%，间接反映出内蒙古自治区能源利用效率有所提高。

表 4 – 10　2000~2013 内蒙古自治区单位 GDP 能耗

年份	2000	2001	2002	2003	2004	2005	2006
单位 GDP 能耗（吨标准煤/万元）	2.31	2.30	2.35	2.42	2.51	2.48	2.41
年份	2007	2008	2009	2010	2011	2012	2013
单位 GDP 能耗（吨标准煤/万元）	2.31	2.16	2.01	1.92	1.41	1.33	1.27

注：2005~2010 年单位 GDP 能耗采用 2005 年不变价 GDP 计算；2011 年起，单位 GDP 能耗采用 2010 年不变价 GDP 计算。

资料来源：根据 2014《内蒙古统计年鉴》7 – 3 数据整理得出。

三、环境与经济

经济和环境之间存在相互影响的关系，一方面经济的增长可能引发环境的污染，另一方面环境的恶化又会制约经济的可持续发展。只有重视内蒙古自治区经济增长和环境污染之间的双向关系，才能实现区域经济的协调持续发展。

（一）工业"三废"排放量

工业废水、废气、固体废物中含有多种有害物质，如果未达到规定的排放标准而排放到环境中，超过环境自净能力的容量后，就会对环境产生污染。环境污染会破坏自然资源和生态平衡，影响工农业生产和人民健康，以致影响经济的可持续发展。如表 4 – 11 所示，内蒙古自治区工业废水排放总量在 2000~2009 年十年间维持在 20000 万~30000 万吨，到 2010 年迅速增长为 39535.69 万吨，比 2009 年净增 10919.47 万吨，随后几年有所下降，但都高于 30000 万吨。2016 年和 2017 年内蒙古自治区工业废水排放总量降为 2000~2009 年的水平。工业废气排放总量在波动中持续增长并趋于稳定，2000~2003 年为 10000 万吨以下，2004 ~2007 年为 10000 万~20000 万吨，2008~2010 年为 20000 万~30000 万吨，2011 年突破 30000 万吨，但迅速回落，以后若干年维持在 30000 万吨左右。工业固体废物产生量也在波动中持续增长，2000 年到 2006 年为 10000 万吨以下，2007~2010 年为 10000 万吨到 20000 万吨之间，2011~2017 年为 20000 万吨到 28000 万吨之间。由此可见，随着内蒙古自治区经济的快速增长，工业"三废"

的排放量基本上也在增长，这与内蒙古自治区以重工业为主导的产业结构息息相关。近些年工业废水排放总量有所下降，与水资源短缺及治理有关。

表4-11 2000~2017年内蒙古自治区工业企业"三废"排放

项目 年份	工业废水排放 总量（万吨）	工业废气排放 总量（亿立方米）	一般工业固体废物 产生量（万吨）
2000	21843.76	4767.61	2375.55
2001	20959.53	4958.92	2482.52
2002	22737.08	5997.59	2789.74
2003	23576.77	7960.52	3647.24
2004	22847.95	13517.53	4702.13
2005	24967.47	12071.03	7362.57
2006	27822.91	18415.35	8170.2
2007	25020.84	18199.65	10972.78
2008	29167	20189.79	10622.08
2009	28616.22	24844.36	12108.32
2010	39535.69	27488.34	16996.01
2011	39408.54	30604.86	23584.11
2012	33617.85	28132.67	23624.45
2013	36985.79	31128.44	20080.59
2014	39300	36116.47	23191.3
2015	35800	35855.41	26668.53
2016	24200	30319.50	24761.81
2017	21600	34638.77	27952.51

资料来源：根据2011~2014年《内蒙古统计年鉴》21-3、21-15、21-18、21-19，以及2017年《内蒙古统计年鉴》7-11、7-12数据整理得出。

（二）碳排放

近几年来，随着内蒙古自治区能源消费量的迅速增长，二氧化碳的排放急剧增加，空气污染的恶化、碳排放问题受到普遍关注。根据ICLEI（国际地方政府环境行动理事会）地方政府运作协议的分类标准，碳核算的核算边界分为三类：

一是直接排放，具体包括静止燃烧、移动燃烧、化学或生产过程、逸散排放四类；二是与外购的电力、供热等消费相关的间接排放；三是其他间接排放。根据内蒙古自治区碳排放的特点，依照IPCC碳排放计算指南，选择能源消费作为碳排放量计算数据，具体能源包括煤炭、焦炭、原油、汽油、煤油、柴油、燃料油和天然气。在表4-12中，碳排放强度等于碳排放量与GDP的比值，人均碳排放量是能源消费碳排放量除以人口总量。从表4-12可以看出，内蒙古自治区能源消费碳排放量逐渐增加，由2003年的6870.89万吨增长到2013年的31389.61万吨，年均增长率为16.4%；人均碳排放量也逐年增长，2013年是2003年的4.36倍。内蒙古自治区碳排放强度在2003~2006年维持在每万元3~3.4吨，2007年开始降到每万元3吨以下，2010年最低，为每万元2.46吨。整体来看，碳排放强度没有持续的下降趋势，波动幅度较小，可以预见内蒙古自治区的碳排放强度下降率远不及经济增长率，不能实现碳排放绝对减排。

表4-12　2003~2013年内蒙古自治区碳排放总量、碳排放强度、人均碳排放量

项目 年份	碳排放量（万吨）	碳排放强度（吨/万元）	人均碳排放量（吨/人）
2003	6870.89	3.03	2.88
2004	8914.32	3.17	3.73
2005	11646.4	3.31	4.85
2006	13571.7	3.09	5.62
2007	15622.59	2.86	6.43
2008	18465.23	2.7	7.55
2009	20247.54	2.58	8.24
2010	22432.91	2.46	9.08
2011	28377.42	2.67	11.43
2012	29667.07	2.6	11.91
2013	31389.61	2.68	12.57

资料来源：王维利：《内蒙古能源消费碳排放分析》，《内蒙古煤炭经济》2015年第9期，第26页。

此外，有学者根据2010年的数据分析得出，在内蒙古自治区的各个核算部门中，居民部门产生的碳排放量所占比例最高，为25.72%；其次是电力、热力

的生产和供应业部门与金属冶炼及压延加工业部门，排放量所占比例分别为18.48%和16.37%。从排放总量的角度来看，能源的碳排放总量最大，为26952.776万吨，所占比例为54.94%[①]。从以上数据和学者的分析可以看出，内蒙古自治区碳排放逐年递增，碳排放强度下降率远不及经济增长率，且能源的碳排放总量最大。内蒙古自治区能源消费长期以煤炭为主，而煤炭是导致二氧化碳排放增加的主要原因[②]。2013年，内蒙古自治区煤炭消费总量占能源消费总量的87.63%，而石油和天然气消费总量仅占能源消费总量的10.2%，表明内蒙古自治区长期以来产业发展的高污染特征比较突出。

（三）单位工业增加值能耗

单位工业增加值能耗指一定时期内一个国家或地区每生产一个单位的工业增加值所消耗的能源[③]，反映了工业发展的节能降耗水平。从表4－13可以看出，内蒙古自治区2005～2013年单位工业增加值能耗逐年降低，从2005年的5.67吨标准煤/万元降到2013年的2.62吨标准煤/万元，年均下降10.13%，反映出内蒙古自治区对主导产业工业节能减排的重视及治理效果。

表4－13　2005～2013年内蒙古自治区单位GDP能耗

年份	2005	2006	2007	2008	2009	2010	2011	2012	2013
单位工业增加值能耗（吨标准煤/万元）	5.67	5.37	4.88	4.19	3.56	3.24	3.09	2.8	2.62

资料来源：根据2014年《内蒙古统计年鉴》7－3数据整理得出。

第三节　内蒙古自治区生态补偿分析

生态补偿就是以保护和可持续利用生态系统服务为目的，以经济手段为主调

① 杨新吉勒图、刘多多：《内蒙古碳排放核算的实证分析》，《内蒙古大学学报》（自然科学版）2013年第1期，第34页。

② 陈雪梅、马军：《基于EKC曲线的内蒙古碳排放与经济增长关系研究》，《内蒙古工业大学学报》（社会科学版）2014年第1期，第27页。

③ 刘芬、丁潋：《重庆市发展低碳经济的思考》，《经济研究导刊》2010年第34期，第212页。

节相关者利益关系的制度安排。从各国成功实践案例的总结来看，生态补偿主要分为两类：政府主导的公共服务体系和市场主导的服务付费体系。政府主导的公共服务体系主要依靠政府予以运行，包括财政直接补偿、建立生态补偿基金、征收生态补偿税、实行区域转移支付制度或区域合作等；市场主导的服务付费体系的运作方式包括绿色补偿、配额交易、生态标签、排放许可证交易和国际碳汇交易等①。整体来说，内蒙古自治区生态补偿主要以政府主导的公共主体为主，市场运作的市场主体尚存在诸多法律制度障碍，还需要不断创新思路。

一、公共主体下生态补偿

公共主体下的生态补偿强调生态环境属于公共产品，需要对生态环境进行整体保护和修复。

（一）公共主体下草原、森林生态补偿

内蒙古自治区是我国北方重要的生态安全屏障，国家先后实施了一系列生态建设工程，如"三北"防护林建设工程、天然林保护工程、京津风沙源治理工程和退耕还林还草工程，并建立了草原生态保护补助奖励机制。为贯彻落实国家生态补偿政策，内蒙古自治区做了大量卓有成效的工作。

内蒙古自治区被列为"三北"防护林建设地区后，普遍开展植树造林活动，涵盖90多个旗县。据统计，内蒙古自治区累计完成"三北"工程建设任务1.07亿亩，占全国工程建设任务的1/3，工程区森林覆盖率为13.4%，比工程建设初期提高了6.5个百分点②。内蒙古自治区"三北"防护林经过30多年的建设，荒漠化土地面积和沙化土地面积持续减少，重点治理区域生态状况明显改善。截至2007年，内蒙古自治区"三北"区域森林覆盖率从1978年的4.7%提高到11.98%，全区森林覆盖率达到17.57%，林业三大效益不断显现。2018年，根据中国科学院完成的《"三北"防护林体系建设40年综合评价报告》指出，内蒙古自治区共完成"三北"防护林建设任务11348万亩，占国家建设的25.1%，

---

① 张静：《财税视角下我国生态补偿机制探讨》，《河南科技大学学报》（社会科学版）2016年第1期，第79页。

② 王玉明：《"三北"防护林四期工程三大效益突显》，《内蒙古林业》2012年第11期，第1页。

在"三北"13个省区中居首位，产生了较高的生态效益、经济效益和社会效益。

内蒙古自治区自1998~2010年实施天然林资源保护工程第一期工程以来，中央政府和地方政府投入了大量专项资金，通过调减木材产量、增加公益林建设、森林资源管护及植被恢复等项目，取得了良好的经济和生态效益。2010年，随着天保工程一期的结束，天保工程二期工程（2011~2020年）开始启动。天保工程二期的实施，将在气候调节、涵养水源、保育土壤、固碳释氧、净化空气、防风固沙、森林游憩和维持生物多样性等方面产生巨大的森林生态效益[①]。内蒙古自治区积极响应天然林资源保护工程，在巴彦淖尔市、乌兰察布市等地设立了天然林保护和公益林管理中心，落实飞播造林、幼林抚育等项目，定期核查天然林保护情况。据统计，2000~2013年，仅巴彦淖尔市共完成林业生态建设面积626.79万亩，其中人工造林27.5万亩、飞播造林292万亩、封山育林307.29万亩；累计争取国家投资113294.77万元，局部地区生态状况实现了明显好转。巴彦淖尔市的森林覆盖率由2000年的4.73%提高到2012年底的11.89%[②]。

"京津风沙源治理工程"是内蒙古自治区六大林业重点工程之一，工程区总土地面积为36.9万平方千米，占内蒙古自治区总土地面积118.3万平方千米的31.9%，占全国京津风沙源工程区总面积45.8万平方千米的80.6%[③]。根据乌兰察布高原退化荒漠草原治理区、华北北部丘陵山地水源涵养治理区、浑善达克—科尔沁沙地沙化土地治理区和锡林郭勒高原—乌珠穆沁盆地退化草原治理区的自然条件差异，采取了差异化的治理对策。经过十多年的工程建设，阴山北麓农牧交错带长300千米、宽50千米的生态屏障带，浑善达克沙地南缘长400千米、宽1~10千米的锁边防护林体系和沙地北缘长445.3千米的防护带基本建成，沙源工程区已由最初的沙源加强区变为减弱区，绿色生态屏障功能日益显现[④]。

为贯彻落实《国务院关于进一步做好退牧还林（草）试点工作的若干意见》

---

① 董贯庆、李惊雷：《内蒙古阿龙山林业局天然林资源保护工程二期成效预测》，《江西农业》2016年第3期，第40页。

② 王秀莲：《巴彦淖尔市天保工程实施14年完成造林626.79万亩》，http://tbj.nmglyt.gov.cn/，2016年5月10日。

③ 邢桂春、侯新春、黄丽丽等：《浅谈京津风沙源治理工程对内蒙古构筑祖国北方生态防线的认识》，《内蒙古林业调查设计》2013年第2期，第2页。

④ 邢桂春、侯新春、黄丽丽等：《浅谈京津风沙源治理工程对内蒙古构筑祖国北方生态防线的认识》，《内蒙古林业调查设计》2013年第2期，第3页。

等有关政策精神，内蒙古自治区从 2002 年开始实施"退牧还草工程"，涉及 12 个盟或市所辖的 65 个旗县，是工程任务最多的省份。内蒙古自治区"退牧还草工程"总规模为 4000 万公顷，工程将分两期进行，一期到 2010 年实现退牧还草 3000 万公顷，二期到 2015 年实现退牧还草 1000 万公顷[1]。内蒙古自治区"退牧还草工程"根据草原退化严重程度采用禁牧、休牧和划区轮牧的方式对草原进行治理：重度退化草原实施全年禁牧；中度退化草原实行半年退牧；轻度退化的草原推行季节性退牧[2]。国家将给予饲料粮和资金扶持，具体补贴标准：全年休牧每年每公顷补贴饲料粮 82.5 千克，半年休牧每年每公顷补贴饲料粮 41.25 千克，季节性休牧每年每公顷补贴饲料粮 20.625 千克。此外，为保证牧区真正休牧，必须将休牧区全部围栏封育。国家也将给予资金扶持，每年每公顷补贴 50 元围栏建设费[3]。

2010 年 10 月，国务院决定从 2011 年起到 2015 年，在内蒙古自治区等 8 个主要草原畜牧区全面建立草原生态保护补助奖励机制，中央财政计划每年投入 134 亿元，主要用于补助草原禁牧、休牧、草畜平衡奖励等。内蒙古自治区积极响应国家政策，制定了《内蒙古草原生态保护补助奖励机制实施方案》，决定每年拿出 15 亿元对阶段性禁牧、牧民转移就业、购置牧机具、牧区燃油和牲畜良种等进行补贴，并修订了《内蒙古自治区基本草原保护条例》。2016 年 9 月，内蒙古自治区新一轮草原生态补偿政策启动，包括禁牧补贴、草畜平衡奖励和绩效考核奖励三项内容，取消了生产资料综合补贴和牧草良种补贴，禁牧补助由 6 元/亩/年提高到 7.5 元/亩/年，草畜平衡奖励标准由 1.5 元/亩/年提高到 2.5 元/亩/年。

2012 年 1 月，内蒙古自治区政府颁布《内蒙古自治区草原植被恢复费征收使用管理办法》，规定征用草原征收 2500 元或 1500 元草原植被恢复费；临时占用草原征收每平方米 0.1~10 元的草原植被恢复费；收购草原野生植物按照市场价征收 15% 的草原植被恢复费。

2015 年 11 月，内蒙古自治区在《关于加快推进生态文明建设的实施意见》中要求建立政府引导、社会资本参与、市场化运作的生态建设和环境保护融资平台。2016 年，内蒙古自治区正式印发了《内蒙古自治区环保基金设立方案》，明确内蒙

① 刘宇：《内蒙古地区退牧还草工程的效益评价及问题探析》，《山东省农业管理干部学院学报》2009 年第 5 期，第 6 页。
② 叶晗、朱立志：《内蒙古牧区草地生态补偿实践评析》2014 年第 8 期，第 1590 页。
③ 刘红葵：《内蒙古退牧还草工程已经启动》，《内蒙古畜牧科学》2003 年第 2 期，第 45 页。

古自治区环保基金由内蒙古自治区政府和 4 家合伙企业共同发起，"环保母基金"达 40 亿元。这一融资平台的建设有利于缓解环境治理资金短缺的压力，促进内蒙古自治区环境基础设施建设及环保产业的发展。2015 年 12 月，内蒙古自治区人民政府办公厅《关于印发水污染防治工作方案的通知》，对水资源的保护提出了具体可行的措施。截至 2018 年 10 月底，全区水资源税入库 21.8 亿元，月均收入较水资源费同期增长 1 倍，改革试点工作取得阶段性成果，税收调节"用水绿色"成效初显。

2016 年，国务院办公厅印发《关于健全生态保护补偿机制的实施意见》，它是生态保护补偿的顶层制度设计，是指导重点领域补偿、重要区域补偿和地区间补偿的指导性文件，对于各地区因地制宜探索本地区生态补偿的可行方式有着重要的指导意义。2017 年，内蒙古自治区人民政府办公厅发布第 16 号文件《内蒙古自治区水权交易管理办法》、第 40 号文件《内蒙古自治区林业发展"十三五"规划》。此外，内蒙古自治区人民政府办公厅转发了林业厅制定的《内蒙古自治区湿地保护修复制度实施方案》。2018 年 8 月，内蒙古自治区党委、自治区人民政府落实"内蒙古自治区关于全面加强生态环境保护坚决打好污染防治攻坚战的实施意见"，为构筑我国北方重要生态安全屏障和祖国北疆万里绿色长城有着深远的意义。

（二）公共主体下排污治理项目数和投资额

近十几年来，内蒙古自治区通过"京津风沙源治理工程""退耕还林""退牧还草""草原生态保护补助奖励""天然林资源保护"等工程项目的建设，生态环境有了很大的改善。如表 4 - 14 所示，内蒙古自治区当年安排污染治理项目数从 2003 年的 80 个增加到 2013 年的 1092 个，11 年时间增长了 13.65 倍。尤其是 2012 年，当年安排污染治理项目数从几百个上升到几千个，数量增长明显。当年污染治理项目投资额波动幅度比较明显，如 2003 ~ 2005 年，2003 年和 2005 年项目投资额分别约为 2.77 亿元和 2.57 亿元，2004 年项目投资额超过 4.28 亿元；2006 ~ 2013 年，当年污染治理项目投资额都超过了 10 亿元，2006 ~ 2010 年基本上是在 10 亿 ~ 20 亿元波动，2011 ~ 2013 年在 30 亿 ~ 45 亿元波动。整体上来说，当年污染治理项目投资额呈阶段性逐步快速增长的趋势没有变，只是阶段性内部存在较大的波动。污染项目的投资治理一方面来说投资项目越少说明环境越好，另一方面对于已存在的污染治理项目来说，越多越有利于环境的改善。目前内蒙古自治区还停留在对已有环境污染的修复治理上，没有达到环境的改善和优化阶段，一些恶性环境污染项目治理如腾格里沙漠污染事件，需要在源头强化治理，避免污染事件发生后再用成倍的资本来弥补损失，且环境污染的不可逆转性增加了时间成本和社会成本。内蒙古自治区环境污染治理投资总额 2014 年为 797.25 亿元，2015 年为 790.13 亿元，2016 年增加到 886.48 亿元，2017 年增加到 969.88 亿元[①]。

表 4-14　内蒙古自治区排污治理项目数及本年完成投资额

项目和投资 ＼ 年份	2003	2004	2005	2006	2007	2008
当年安排污染治理项目（个）	80	92	101	195	150	202
污染治理项目本年完成投资额（万元）	27697.9	42855.1	25678.1	177234.8	167487.2	219189.2
项目和投资 ＼ 年份	2009	2010	2011	2012	2013	2014
当年安排污染治理项目（个）	174	114	254	2350	1092	—
污染治理项目本年完成投资额（万元）	178258.1	111799.5	311613.96	445061.27	374786.22	

资料来源：根据《内蒙古统计年鉴》21-13 等数据整理得出。

二、市场主体下生态补偿

市场主体下生态补偿是基于"谁开发、谁保护，谁破坏、谁恢复，谁受益、谁补偿，谁污染、谁付费"的原则，通过市场化运作把污染物排放总量控制在一定限额以下。市场主体下的生态补偿与公共主体下的生态补偿相辅相成。

内蒙古自治区自 2010 年正式成为国家排污权交易试点地区以来，在推进主要污染物排污权有偿使用和交易试点工作中，在实现环境资源的优化配置方面进行了有益的尝试和探索。内蒙古自治区自开展国家排污权有偿使用和交易试点三年以来，交易金额累计超过 7000 万元。内蒙古自治区排污收费解缴入库户数 2003~2017 年逐年减少，而排污收费解缴入库金额基本上逐年递增，如表 4-15 所示。解缴入库户数的减少是近些年淘汰落后产能产生的影响，一些规模小、排污设施跟不上的污染企业在竞争中自然淘汰。排污收费解缴入库金额的增长说明

---

① 资料来源：根据 2015~2017 年《内蒙古统计年鉴》7-14 数据整理得出。

随着经济的增长，污染物排放也在不可避免地增长，如何通过排污费的有效使用来达到控制污染改善环境的目的是需要认真思考的问题。2015 年、2016 年和 2017 年，排污收费解缴入库户数有所减少，排污收费解缴入库金额降幅明显，说明市场主导下的生态补偿初见成效，企业自主减少排污量效果明显。

表 4 - 15　2003～2017 年内蒙古自治区排污费入库户数及入库金额

年份	2003	2004	2005	2006	2007	2008	2009	2010
排污费解缴入库户数（户）	20734	17612	18403	18702	18541	10573	8155	5651
排污费解缴入库金额（万元）	8302.8	13730.9	20523.2	34465.9	56194.82	69625	72983	79735
年份	2011	2012	2013	2014	2015	2016	2017	
排污费解缴入库户数（户）	5131	4664	8193	7195	6165	3092	2878	
排污费解缴入库金额（万元）	91842.31	98362.61	134308.3	152800	105500	84700	97800	

资料来源：根据《内蒙古统计年鉴》21 - 13、7 - 14 等数据整理得出。

本章小结

近些年来，内蒙古自治区人口、资源、环境与经济的协调发展受到各级政府的重视，纵观自然维度下内蒙古自治区经济发展的历程，总结如下：

从人口与经济角度进行分析，内蒙古自治区开始进入人口老龄化社会，人口密度较低，对消费需求和消费结构会有较大的影响。随着义务教育和高等教育的发展，人口受教育程度明显提高，但在科技创新方面还没有凸显带动和引领作用。

从资源与经济角度进行分析，内蒙古自治区森林资源、草原资源、矿产资源比较丰富，水资源严重不足。作为资源大省，内蒙古自治区的经济增长具有典型的资源依赖性特征，能源利用效率有待提高。

从环境与经济角度进行分析，随着内蒙古自治区经济的快速增长，工业"三废"的排放量也在增长。近年来，内蒙古自治区加大对工业节能减排的重视，单位工业增加值能耗有所下降，但整体碳排放强度下降率远不及经济增长率，恶性污染事件没有根除，生态环境保护仍需加强。

从生态补偿角度进行分析，十几年来内蒙古自治区通过"京津风沙源治理工程""退耕还林""退牧还草""草原生态保护补助奖励""天然林资源保护"等工程项目的建设，生态环境有了很大的改善。内蒙古自治区自 2010 年正式成为国家排污权交易试点地区以来，排污权有偿使用稳步推进，排污收费解缴入库金额逐年增长，但环境污染时间的不可逆转性增加了时间成本和社会成本。

第 五 章

经济发展质量之社会维度

　　"十三五"时期是全面建成小康社会的决胜阶段。内蒙古自治区"十三五"规划按照全面建成小康社会的目标，要求贫困旗县全部摘帽，公共服务体系更加健全，基本公共服务均等化水平稳步提高。当前，内蒙古自治区经济长期向好的基本面没有改变，但经济发展进入到新常态，提质增效、转型升级的要求更加紧迫，不协调、不平衡和不可持续问题仍然突出。随着结构调整阵痛、经济增速换挡和动能转换困难的相互交织，内蒙古自治区必将面临稳增长、调结构、防风险、惠民生等多重挑战。加之经济下行压力加大、企业效益下滑、财政收支矛盾突出、城乡区域发展不平衡等因素叠加，使得防风险、惠民生面临更大的挑战。防风险、惠民生做不好，经济发展的社会基础就不牢，全面建成小康社会也就无从谈起。贫困和基本公共服务问题是防风险、惠民生工作面临的突出短板，严重影响着群众对经济发展质量的认同，是经济包容性发展程度低的突出体现。因此，必须认真贯彻党中央战略决策和部署，积极适应把握引领经济发展新常态，落实共享发展理念，进一步提高发展的包容性，如期"脱贫摘帽"，有效增加基本公共服务供给，进而逐步消除影响社会稳定的因素，维护社会和谐稳定，达到防风险、惠民生的目的，确保全面建成小康社会如期实现。此外，"脱贫摘帽"和增加公共服务供给既是普遍提高人民生活水平和质量的重要保障，也是经济发展的重要引擎。坚持经济增长的平衡性和经济发展的包容性并重，健全公共服务体系，稳步提高基本公共服务均等化水平，补齐经济发展短板，有助于进一步提高内蒙古自治区经济发展质量，高水平地全面建成小康社会。

第一节　研究的理论基础

一、中国特色反贫困理论

学界普遍认为中国特色反贫困理论是在马克思反贫困理论的基础上实现中国本土化的，由新中国历代党和国家领导人提出、演进并逐步形成的，富有中国特色的扶贫开发理论体系[①]。

马克思主义反贫困理论强调通过生产力的发展实现全人类的共同富裕。在此基础上，国家历代领导人结合中国反贫困实际对这一理论进行了中国化。文建龙认为，以毛泽东为核心的第一代领导集体提出了共同富裕思想，以邓小平为核心的领导集体完善了共同富裕思想，以江泽民为核心的领导集体在前人研究的基础上系统提出扶贫开发理论，以胡锦涛为核心的领导集体则从科学发展观的战略高度继续深化了扶贫开发理论[②]。习近平提出精准扶贫、精准脱贫方略，并将其视为扶贫开发工作中决胜脱贫攻坚战的关键，进一步丰富完善了中国特色反贫困理论体系。

二、包容性发展理论

包容性增长和包容性发展的概念，是亚洲开发银行等国际组织在减贫战略研究过程中逐步形成和发展起来的，最终被亚洲开发银行、世界银行等国际组织正式使用。发展必须是遵循社会规律的包容性发展。2016年9月4日，在二十国集团领导人杭州峰会上，习近平总书记指出，面对当前挑战，我们应当落实《2030年可持续发展议程》，促进包容性发展。

包容性增长和包容性发展的关系犹如增长和发展的关系，发展无疑比增长内

---

① 黄承伟、刘欣：《"十二五"时期我国反贫困理论研究述评》，《云南民族大学学报》（哲学社会科学版）2016年第2期，第49页。
② 文建龙：《中央领导集体对新中国扶贫理论的贡献述评》，《中共云南省委党校学报》2013年第5期，第57-60页。

涵更加丰富，因为发展考察的维度不仅仅局限于收入方面，还包括非收入方面，如基本公共服务供给和发展机会的可及性与公平性，甚至还包括政治选举中公民参与度等内容。由此可见，包容性发展理论强调发展主体的全民性、发展内容的全面性、发展过程的公平性和发展成果的共享性。这些基本特征，为内蒙古自治区反贫困和基本公共服务均等化的实施提供了坚实的理论基础。

第二节　内蒙古自治区脱贫攻坚

全面建成小康社会一个重要的标志就是农村贫困人口全部脱贫。2016 年 2 月 23 日，内蒙古自治区新闻办召开脱贫攻坚新闻发布会。会上指出，2016 年是"十三五"规划的开局之年，也是全面建成小康社会打赢脱贫攻坚战的决胜之年。2016 年，内蒙古自治区要完成 21 万人的减贫任务，10 个以上自治区贫困旗县摘帽；到 2017 年基本消除绝对贫困现象，26 个自治区重点贫困旗县全部摘帽；到 2020 年全区现有的 80 余万贫困人口全部脱贫，31 个国家重点贫困旗县全部摘帽。内蒙古自治区脱贫攻坚路线图与时间表的公布，是对自治区各族同胞的庄严承诺，是对中央精神的贯彻落实，是对全面深化改革重大意义的深刻认识，是对遵循社会规律的包容性发展的生动实践。2017 年，自治区扶贫办发布的第 14 号文件——《关于做好 2017 年扶贫对象动态管理工作的通知》，自治区扶贫办和自治区民政厅发布的第 149 号文件——关于印发《内蒙古自治区建档立卡贫困人口信息核对办法》的通知，对扶贫对象信息采集、录入和核对工作进一步明确。2018 年，自治区扶贫开发工作会议指出，全区上下共同努力实现了减贫 23.5 万人，10 个国贫旗县、13 个区贫旗县完成摘帽目标任务，贫困发生率下降到 1.06%。新时代下，提高内蒙古自治区经济发展质量，带领自治区 3000 万各族同胞全面进入小康社会，决不让一个民族、一个地区、一个人掉队，最艰巨的任务是脱贫攻坚，最突出的短板在于贫困人口全部脱贫。因此，新时期内蒙古自治区脱贫攻坚关键在于精准实施扶贫措施，有效补上短板。

一、内蒙古自治区贫困旗县贫困特征

"十三五"时期是全面建成小康社会的重要时间节点和最后冲刺阶段。内蒙古自治区脱贫攻坚工作已经处在关键时间节点，要求高、时间紧、任务重、难度大、政策性强、涉及面广，需要大量的人力、物力、财力来保障。精准实施反贫困战略，对于全面建成小康社会，如期完成脱贫攻坚目标，具有重要的现实意义。本书认为，内蒙古自治区反贫困战略的精准实施需要通过评估全面了解和认识内蒙古自治区现阶段贫困特征，总结以往扶贫工作的经验教训，有针对性地调整和制定反贫困战略和政策措施，而评估的基础是反贫困评估指标体系的构建。精准发力、精准脱贫，否则，很有可能前功尽弃，也难以真正建成全面小康社会。

（一）贫困旗县个数及分布

目前，内蒙古自治区有国家扶贫开发工作重点县（以下简称国贫县）31 个，自治区扶贫开发工作重点县（以下简称区贫县）26 个。2018 年 7 月，经旗县申请、盟市初审、自治区扶贫开发领导小组核查、第三方专项评估等程序，内蒙古自治区乌兰浩特市、阿巴嘎旗、苏尼特左旗、镶黄旗、正蓝旗、丰镇市、杭锦旗、乌拉特中旗、五原县、杭锦后旗、磴口县、阿拉善左旗和阿拉善右旗 13 个自治区级贫困旗县符合贫困旗县退出条件，正式予以"摘帽"，区贫县减少为 13 个。由表 5–1 可知，内蒙古自治区贫困旗县点多、面广、连片，贫困旗县中少数民族聚居旗县占比大。点多：贫困旗县合计约占内蒙古自治区 102 个旗县市区的 56%，2018 年 7 月 13 个旗县脱贫摘帽后，依然是 43% 的高比例。面广：除乌海市外，每个盟市都有贫困旗县。2018 年 7 月 13 个旗县脱贫摘帽后，鄂尔多斯市、阿拉善盟不再是贫困盟市，仅存在贫困人口。连片：许多盟市贫困旗县集中连片，占所在盟市旗县级个数的比例超过了 50%，兴安盟所有旗县（市、区）均为贫困旗县。贫困旗县中少数民族聚居旗县占比大，锡林郭勒盟、兴安盟、通辽市、赤峰市的贫困旗县多是蒙古族聚居的旗县，呼伦贝尔市的贫困旗县多是蒙古族等少数民族聚居的旗县，仅锡林郭勒盟、兴安盟、通辽市、赤峰市四个盟市的贫困旗县常住人口中蒙古族人数就超过全区蒙古族人口总数的一半。点多、面广、连片，以及贫困旗县中少数民族聚居旗县占比大的特征，决定了内蒙古脱贫攻坚工作任务重、难度大、政策性强，涉及少数民族贫困人口多，需要大量的人力、物力、财力来保障。全面建成小康社会最突出的短板在于全区 80 多万贫困人口。坚持共享发展，实施精准扶贫，决胜脱贫攻坚，对于和谐经济发展与民族关系之间内在联系的重大意义就体现在这里。

表5-1 内蒙古自治区贫困旗县个数及分布

地区	旗县级个数（个）	2018年7月前贫困旗县个数（个）	贫困旗县（市、区）占所在盟市旗县级个数比例（%）	2018年7月后贫困旗县个数（个）	贫困旗县（市、区）占所在盟市旗县级个数比例（%）
呼和浩特市	9	1（国贫县）、1（区贫县）	22.22	1（国贫县）、1（区贫县）	22.22
包头市	9	0（国贫县）、1（区贫县）	11.11	0（国贫县）、1（区贫县）	11.11
呼伦贝尔市	14	2（国贫县）、4（区贫县）	42.86	2（国贫县）、4（区贫县）	42.86
兴安盟	6	5（国贫县）、1（区贫县）	100.00	5（国贫县）、0（区贫县）	83.33
通辽市	8	4（国贫县）、2（区贫县）	75.00	4（国贫县）、2（区贫县）	75.00
赤峰市	12	8（国贫县）、2（区贫县）	83.33	8（国贫县）、2（区贫县）	83.33
锡林郭勒盟	12	3（国贫县）、5（区贫县）	66.67	3（国贫县）、1（区贫县）	33.33
乌兰察布市	11	8（国贫县）、2（区贫县）	90.91	8（国贫县）、1（区贫县）	81.82
鄂尔多斯市	8	0（国贫县）、1（区贫县）	12.50	0（国贫县）、0（区贫县）	0.00
巴彦淖尔市	7	0（国贫县）、5（区贫县）	71.43	0（国贫县）、1（区贫县）	14.29
乌海市	3	0（国贫县）、0（区贫县）	0.00	0（国贫县）、0（区贫县）	0.00
阿拉善盟	3	0（国贫县）、2（区贫县）	66.67	0（国贫县）、0（区贫县）	0.00

资料来源：根据2014年《内蒙古统计年鉴》数据整理得出。

（二）贫困旗县地理区域类型

地理区域类型直接影响着内蒙古自治区贫困旗县的资源禀赋和生态环境承载力。由表5-2可知，内蒙古自治区贫困旗县地理区域类型以边境、牧区、山老区为主，许多贫困旗县同时兼有以上多种地理区域类型特征。以边境、牧区、山老区为主的地理区域类型特征决定了内蒙古自治区贫困旗县生态环境承载力有限，社会化大生产制约因素相对较多，粗放型资源开发扶贫与当地生态环境承载力矛盾突出。随着征服自然、改造自然成本的不断升高与效益的不断降低，内蒙古自治区贫困旗县反贫困工作也达到了一个瓶颈，要进一步降低贫困发生率越来越难，扶贫措施精准化价值将进一步显现。

表 5 – 2　内蒙古自治区贫困旗县地理区域类型

地理区域类型	地区	贫困旗县（市、区）
边境旗市	呼伦贝尔市	新巴尔虎左旗
	兴安盟	科尔沁右翼前旗、阿尔山市
	锡林郭勒盟	阿巴嘎旗、苏尼特左旗、苏尼特右旗
	乌兰察布市	四子王旗
	巴彦淖尔市	乌拉特中旗
	阿拉善盟	阿拉善左旗、阿拉善右旗
牧区旗市	呼伦贝尔市	鄂温克族自治旗、新巴尔虎左旗
	兴安盟	科尔沁右翼中旗
	通辽市	科尔沁左翼中旗、科尔沁左翼后旗、扎鲁特旗
	赤峰市	阿鲁科尔沁旗、巴林左旗、巴林右旗、克什克腾旗、翁牛特旗
	锡林郭勒盟	阿巴嘎旗、苏尼特左旗、苏尼特右旗、镶黄旗、正镶白旗、正蓝旗
	乌兰察布市	四子王旗
	鄂尔多斯市	杭锦旗
	巴彦淖尔市	乌拉特中旗
	阿拉善盟	阿拉善左旗、阿拉善右旗
半牧区旗市	呼伦贝尔市	扎兰屯市、阿荣旗、莫力达瓦达斡尔族自治旗
	兴安盟	科尔沁右翼前旗、扎赉特旗、突泉县
	通辽市	开鲁县、库伦旗、奈曼旗
	赤峰市	林西县、敖汉旗
	锡林郭勒盟	太仆寺旗
	乌兰察布市	察哈尔右翼中旗、察哈尔右翼后旗
	巴彦淖尔市	磴口县、乌拉特前旗
山老区旗县	呼和浩特市	武川县、清水河县
	包头市	固阳县
	呼伦贝尔市	扎兰屯市、阿荣旗、莫力达瓦达斡尔族自治旗
	兴安盟	乌兰浩特市、阿尔山市、科尔沁右翼前旗、科尔沁右翼中旗、扎赉特旗、突泉县
	通辽市	科尔沁左翼中旗、科尔沁左翼后旗、开鲁县、库伦旗
	赤峰市	喀喇沁旗、宁城县、松山区、克什克腾旗、敖汉旗
	锡林郭勒盟	正蓝旗、多伦县、太仆寺旗
	乌兰察布市	卓资县、兴和县、丰镇市、凉城县、察哈尔右翼前旗、察哈尔右翼中旗、察哈尔右翼后旗、四子王旗
	鄂尔多斯市	杭锦旗
	巴彦淖尔市	乌拉特前旗

注：五原县和杭锦后旗不在此表；背景色旗县为2018年7月脱贫摘帽旗县，多次出现旗县，仅标一次背景色。

资料来源：根据 2014 年《内蒙古统计年鉴》1 – 3 数据整理得出。

（三）贫困旗县全社会就业人员

配第一克拉克定理表明，随着经济的发展，第一产业的就业比重不断降低，第二、第三产业的就业比重将增加，即劳动力会由第一产业向第二产业和第三产业转移①。由表5-3可知，内蒙古自治区贫困旗县全社会就业人员多集中在第一产业，第二、第三产业就业人员人数偏少，绝大部分贫困旗县第一产业就业人数比第二、第三产业就业人数多出数倍。三次产业全社会就业人员比例不合理，与现代经济发展趋势明显不相适应。全社会就业人员多集中在第一产业，第二、第三产业就业人员人数偏少的特征，表明"靠天吃饭"的人数多、比重大，生产力水平低的现状短期内难以扭转，居民收入易受自然因素影响，第二产业和第三产业吸纳就业作用不突出，有进一步提升的空间。这与当地产业结构不合理、工业化进程滞后、服务业发展缓慢相关。

二、内蒙古自治区贫困旗县收入分配

（一）贫困旗县全体居民人均可支配收入

全体居民人均可支配收入主要由居民收入来源决定，能够直观反映收入差距和消费水平。由表5-4可知，内蒙古自治区贫困旗县与所属盟市非贫困旗县或行政中心旗县（市、区）的全体居民人均可支配收入差距大，表明内蒙古自治区盟市域内经济发展不平衡，盟市域内收入分配改革需进一步深化。收入分配与经济结构密切相关，盟市域内经济结构调整亟待加强。

（二）贫困旗县城镇与农村牧区常住居民人均可支配收入

城镇与农村牧区常住居民人均可支配收入直观反映城乡收入差距。由表5-5可知，内蒙古自治区贫困旗县域内城镇居民人均可支配收入与农村牧区常住居民人均可支配收入差距巨大，表明了收益过低是内蒙古自治区"三农"问题及贫困问题的重大症结所在，内蒙古自治区贫困旗县域内居民利益格局亟待进一步研究。

---

① 王娜：《西藏农牧区剩余劳动力转移的路径选择》，《西藏研究》2013年第1期，第55页。

表5-3　2016年内蒙古自治区贫困旗县全社会就业人员

地区	旗县（区）名称	第一产业就业人员（人）	第二产业就业人员（人）	第三产业就业人员（人）	三次产业全社会就业人员比例
呼和浩特市	清水河县	28958	8463	14415	3.42：1：1.7
	武川县	57286	12598	22556	4.55：1：1.79
包头市	固阳县	64187	31283	20410	2.05：1：0.65
呼伦贝尔市	鄂温克族自治旗	17416	17637	39006	0.99：1：2.21
	扎兰屯市	137012	25304	67726	5.41：1：2.68
	新巴尔虎左旗	16234	2121	9918	7.65：1：4.68
	阿荣旗	125488	16449	36172	7.63：1：2.2
	鄂伦春自治旗	54496	7246	31128	7.52：1：4.3
	莫力达瓦达斡尔族自治旗	132894	10698	46057	12.42：1：4.31
通辽市	开鲁县	144602	29346	60770	4.93：1：2.07
	扎鲁特旗	105853	11883	54696	8.91：1：4.6
	科尔沁左翼后旗	137053	18549	53786	7.39：1：2.9
	科尔沁左翼中旗	172612	47036	88580	3.67：1：1.88
	库伦旗	75253	10887	29663	6.91：1：2.72
	奈曼旗	198435	28335	56780	7.00：1：2

2016年

地区	旗县（区）名称	第一产业就业人员（人）	第二产业就业人员（人）	第三产业就业人员（人）	三次产业全社会就业人员比例
赤峰市	松山区	164196	71790	106484	2.29：1：1.48
	克什克腾旗	75832	17660	42610	4.29：1：2.41
	林西县	78916	18781	26552	4.20：1：1.41
	巴林右旗	45648	13527	32384	3.37：1：2.39
	喀喇沁旗	107916	33542	43002	3.22：1：1.28
	翁牛特旗	167500	43500	45000	3.85：1：1.03
	巴林左旗	118946	49499	51920	2.40：1：1.05
	宁城县	191648	58215	51892	3.29：1：0.89
	敖汉旗	215703	56353	39445	3.83：1：0.7
	阿鲁科尔沁旗	133171	22564	51337	5.90：1：2.28
乌兰察布市	丰镇市	62938	37018	82231	1.70：1：2.22
	化德县	46627	7226	25024	6.45：1：3.46
	卓资县	67938	23136	52984	2.94：1：2.29
	察哈尔右翼后旗	49728	13135	31024	3.79：1：2.36
	凉城县	81925	28108	85004	2.91：1：3.02

续表

2016年（左）

地区	旗县（区）名称	第一产业就业人员（人）	第二产业就业人员（人）	第三产业就业人员（人）	三次产业全社会就业人员比例
兴安盟	乌兰浩特市	39967	21328	98056	1.87:1:4.6
	阿尔山市	8682	1849	13420	4.70:1:7.26
	科尔沁右翼前旗	124687	15508	48410	8.04:1:3.12
	扎赉特旗	105853	11883	54696	8.91:1:4.6
	突泉县	125970	21219	34851	5.94:1:1.64
	科尔沁右翼中旗	92216	10245	36471	9.00:1:3.56
锡林郭勒盟	阿巴嘎旗	12680	3883	8598	3.27:1:2.21
	镶黄旗	12700	5178	7555	2.45:1:1.46
	苏尼特右旗	16255	7630	14209	2.13:1:1.86
	正蓝旗	21383	6163	17308	3.47:1:2.81
	苏尼特左旗	12316	3832	9528	3.21:1:2.49
	多伦县	34378	10166	20222	3.38:1:1.99
	正镶白旗	25835	3667	8429	7.05:1:2.3
	太仆寺旗	61066	4003	21478	15.26:1:5.37

2016年（右）

地区	旗县（区）名称	第一产业就业人员（人）	第二产业就业人员（人）	第三产业就业人员（人）	三次产业全社会就业人员比例
乌兰察布市	四子王旗	78523	7436	23316	10.56:1:3.14
	商都县	105936	16237	63836	6.52:1:3.93
	察哈尔右翼前旗	67663	20627	35924	3.28:1:1.74
	兴和县	91724	26248	72547	3.49:1:2.76
	察哈尔右翼中旗	79183	11276	37018	7.02:1:3.28
鄂尔多斯市	杭锦旗	46431	18580	21313	2.50:1:1.15
巴彦淖尔市	五原县	113217	6505	26020	17.40:1:4
	杭锦后旗	85119	11598	50526	7.34:1:4.36
	磴口县	42546	4519	20173	9.41:1:4.46
	乌拉特中旗	52092	6387	20758	8.16:1:3.25
	乌拉特前旗	111005	8168	38436	13.59:1:4.71
阿拉善盟	阿拉善右旗	5172	5230	8477	0.99:1:1.62
	阿拉善左旗	33039	42108	68600	0.78:1:1.63

注：背景色旗县为2018年7月脱贫摘帽旗县。

资料来源：根据2017年《内蒙古统计年鉴》数据整理得出，三次产业就业人员比例保留两位小数。

表5－4　2014年、2016年和2017年内蒙古自治区贫困旗县
全体居民人均可支配收入与非贫困旗县对比

地区	旗县（区）名称	2014年全体居民人均可支配收入（元）	2016年全体居民人均可支配收入（元）	2017年全体居民人均可支配收入（元）	地区	旗县（区）名称	2014年全体居民人均可支配收入（元）	2016年全体居民人均可支配收入（元）	2017年全体居民人均可支配收入（元）
呼和浩特市	新城区	32607	38208	49080	赤峰市	红山区	25325	29757	32286
	清水河县	11360	15644	17123		松山区	17241	20286	22132
	武川县	12824	14892	16263		克什克腾旗	13996	16887	18339
包头市	昆都仑区	38221	43922	47348		林西县	13688	16590	18176
	固阳县	14677	17119	18625		巴林右旗	13687	16523	17986
呼伦贝尔市	海拉尔区	27583	32351	34988		喀喇沁旗	12751	15346	16758
	鄂温克族自治旗	22357	26246	28516		翁牛特旗	11725	13878	15140
	扎兰屯市	17713	20929	22739		巴林左旗	11407	13605	14829
	新巴尔虎左旗	17579	20571	22330		宁城县	11230	13486	14740
	阿荣旗	16057	18972	20632		敖汉旗	10995	12988	14160
	鄂伦春自治旗	15255	18000	19575		阿鲁科尔沁旗	10968	13359	14641
	莫力达瓦达斡尔族自治旗	10617	12487	13548	乌兰察布市	集宁区	23476	27209	29548
通辽市	霍林郭勒市	32604	38213	40681		丰镇市	16643	19318	20950
	开鲁县	14018	17076	18596		化德县	14489	17010	18496
	扎鲁特旗	13378	16553	13727		卓资县	13728	16030	17430
	科尔沁左翼后旗	12151	14582	15854		察哈尔右翼后旗	13358	15598	16981
	科尔沁左翼中旗	11742	14042	15306		凉城县	12994	15422	16764
	库伦旗	11515	13970	15253		四子王旗	12172	14090	15323
	奈曼旗	11139	13849	15152		商都县	11559	13645	14841
兴安盟	乌兰浩特市	21221	25258	27530		察哈尔右翼前旗	10930	13025	14173
	阿尔山市	17737	21149	23011		兴和县	10334	12135	13196
	科尔沁右翼前旗	9463	11305	12289		察哈尔右翼中旗	10071	11920	12973
	扎赉特旗	10766	12885	14032	鄂尔多斯市	东胜区	34156	39553	42981
	突泉县	10567	12636	13727		杭锦旗	22433	26003	28205
	科尔沁右翼中旗	11103	13191	14339					

地区	旗县（区）名称	2014年全体居民人均可支配收入（元）	2016年全体居民人均可支配收入（元）	2017年全体居民人均可支配收入（元）	地区	旗县（区）名称	2014年全体居民人均可支配收入（元）	2016年全体居民人均可支配收入（元）	2017年全体居民人均可支配收入（元）
锡林郭勒盟	锡林浩特市	31845	37470	39773	巴彦淖尔市	临河区	20051	23581	25585
	阿巴嘎旗	23036	26898	29154		五原县	19558	22890	24767
	镶黄旗	21637	25393	27514		杭锦后旗	19394	22642	24544
	苏尼特右旗	21273	24989	27416		磴口县	16176	18833	20415
	正蓝旗	19546	22804	24705		乌拉特中旗	16463	19238	20892
	苏尼特左旗	19188	22543	24486		乌拉特前旗	16183	18876	20443
	多伦县	19668	23021	24926	阿拉善盟	额济纳旗	27525	32060	34859
	正镶白旗	14565	17235	19012		阿拉善右旗	25975	31007	33702
	太仆寺旗	14344	16811	18264		阿拉善左旗	25933	30225	32868

注：背景色旗县为2018年7月脱贫摘帽旗县。

资料来源：根据2015年《内蒙古统计年鉴》23-5、2017年《内蒙古统计年鉴》23-10~23-112和2018年《内蒙古统计年鉴》数据整理得出。

表5-5 2017年内蒙古自治区贫困旗县城镇常住居民与
农村牧区常住居民人均可支配收入对比

地区	旗县（区）名称	城镇常住居民人均可支配收入（元）	农村牧区常住居民人均可支配收入（元）	地区	旗县（区）名称	城镇常住居民人均可支配收入（元）	农村牧区常住居民人均可支配收入（元）
呼和浩特市	清水河县	25747	7942	赤峰市	松山区	31356	13571
	武川县	25125	7655		克什克腾旗	26695	10246
包头市	固阳县	29410	12543		林西县	26013	8717
呼伦贝尔市	鄂温克族自治旗	29148	20581		巴林右旗	24592	9498
	扎兰屯市	31625	15418		喀喇沁旗	26276	10205
	新巴尔虎左旗	24683	19649		翁牛特旗	25978	9470
	阿荣旗	29197	16469		巴林左旗	26273	9222
	鄂伦春自治旗	23885	8763		宁城县	28761	10018
	莫力达瓦达斡尔族自治旗	21849	9424		敖汉旗	26275	10221
					阿鲁科尔沁旗	24593	9997

地区	旗县（区）名称	城镇常住居民人均可支配收入（元）	农村牧区常住居民人均可支配收入（元）	地区	旗县（区）名称	城镇常住居民人均可支配收入（元）	农村牧区常住居民人均可支配收入（元）
通辽市	开鲁县	26971	14106	乌兰察布市	丰镇市	27423	11640
	扎鲁特旗	26715	13727		化德县	28791	8301
	科尔沁左翼后旗	24954	11116		卓资县	28190	9963
	科尔沁左翼中旗	24685	10571		察哈尔右翼后旗	27525	10302
	库伦旗	23894	9974		凉城县	27807	11068
	奈曼旗	24862	10277		四子王旗	26833	9937
兴安盟	乌兰浩特市	26659	12469		商都县	25801	9257
	阿尔山市	26053	9275		察哈尔右翼前旗	27387	10236
	科尔沁右翼前旗	24626	9230		兴和县	25464	8941
	扎赉特旗	24767	9157		察哈尔右翼中旗	27198	8134
	突泉县	24063	8867	鄂尔多斯市	杭锦旗	36144	15354
	科尔沁右翼中旗	23525	8592	巴彦淖尔市	五原县	28098	16634
锡林郭勒盟	阿巴嘎旗	34994	23589		杭锦后旗	28434	16569
	镶黄旗	35877	13212		磴口县	27624	16113
	苏尼特右旗	34754	10615		乌拉特中旗	29120	15254
	正蓝旗	35011	15997		乌拉特前旗	27659	15636
	苏尼特左旗	35491	13869	阿拉善盟	阿拉善右旗	38348	20025
	多伦县	35717	12902		阿拉善左旗	37331	17326
	正镶白旗	32362	10150				
	太仆寺旗	33034	10621				

注：背景色旗县为2018年7月脱贫摘帽旗县。

资料来源：根据2018年《内蒙古统计年鉴》23-6、23-7数据整理得出。

第三节　内蒙古自治区基本公共服务

西部大开发战略实施以来，内蒙古自治区经济发展取得了巨大成就，公共服务体系基本建立，基本公共服务均等化水平有所提高。教育方面，九年义务教育不断巩固，城镇高中教育毛入学率不断提高，高等教育大众化水平不断提升，基本扫除了青壮年文盲。医疗卫生方面，基本解决人民群众医疗卫生服务的可及性问题，老百姓有地方看病、看得起病的目标初步实现。社会保障和就业方面，基本形成了覆盖城乡居民的社会保障体系，逐步提高了保障标准和统筹层次；进一步促进了充分就业，加强了劳动保护，改善了劳动环境，保障了合法权益。在看到这些成绩的同时，也要清醒地认识到基本公共服务的短板依然存在，公共服务体系中影响内蒙古自治区经济发展质量的负面因素依然存在，与国家政策、人民意愿和全面小康社会新的目标要求不相适应的问题还比较突出。现阶段提高内蒙古自治区经济发展的包容性，关键要从人民群众最关心、最直接、最现实的利益出发，让群众在新时代下有更多获得感。教育、医疗卫生和社会保障是人民最关心、最直接、最现实的利益问题，也是基本公共服务中最主要的短板。因此，对基本公共服务中教育、医疗卫生和社会保障的分析研究，有助于精准发力引导公共资源配置，尽快补齐经济发展的短板；有助于健全公共服务体系，稳步提高基本公共服务均等化水平；有助于为内蒙古自治区基本公共服务体系规划提供政策咨询，形成政府履行公共服务职责的政策依据；有助于防风险、惠民生，让人民有更多获得感；有助于提高经济发展的质量，如期全面建成小康社会。

一、内蒙古自治区教育事业

（一）财政用于教育的支出

《国家中长期教育改革和发展规划纲要（2010～2020年）》规定："各级政府要优化财政支出结构，统筹各项收入，把教育作为财政支出重点领域予以优先保障。"由表5-6可知，2000～2017年，财政用于教育的支出明显增加，从2000年的29.75亿元增加到2017年的561.85亿元，增长了17倍多。根据2007年和2014年《内蒙古统计年鉴》8-6数据，财政用于普通教育的支出从2006年的86.75亿元增加到2017年的443.4亿元，增长了4倍多；财政用于职业教育的支出从2006年的9.32亿元增加到2017年的57.49亿元，增长了5倍多。

表 5 - 6　　2000～2017 年内蒙古自治区财政用于教育的支出　　单位：亿元

年份	2000	2001	2002	2003	2004	2005	2006	2007	2008
内蒙古财政用于教育的支出	29.75	39.74	48.28	54.35	66.22	78.66	110.92	153.57	206.4
年份	2009	2010	2011	2012	2013	2014	2015	2016	2017
内蒙古财政用于教育的支出	243.48	322.11	390.69	439.97	456.87	477.77	536.53	554.96	561.85

资料来源：根据 2001～2018 年《内蒙古统计年鉴》8-4、8-6 数据整理得出。

由表 5-7 可知，2007～2016 年十年来，财政性教育经费支出占国内生产总值比例均低于国家同期。以义务教育为例，2013 年 9 月 27 日，自治区教育厅厅长侯元在内蒙古自治区第十二届人民代表大会常务委员会第五次会议上作了《关于全区义务教育经费"三个增长"法定要求落实情况的报告》，指出"2010～2012 年，全区义务教育预算内教育经费分别为 192.89 亿元、220.51 亿元和 250.39 亿元，分别增长 26.16%、14.32% 和 13.55%；同比，财政经常性收入增长比例分别为 27.77%、29.3% 和 11.61%。三年中，只有 2012 年实现了法定增长，2010 年和 2011 年均未达到法定增长"。

表 5 - 7　　2007～2017 年财政用于教育的支出占地区生产总值比例　　单位：%

年份	2007	2008	2009	2010	2011	2012	2013	2014	2015	2016	2017
内蒙古财政用于教育支出占地区生产总值比例	2.39	2.43	2.50	2.76	2.72	2.77	2.70	2.69	3.01	2.98	3.49
国家财政性教育经费支出占国内生产总值比例	2.66	2.84	3.02	3.07	3.41	3.98	3.74	3.62	4.24	4.24	—

资料来源：根据 2008～2018 年《内蒙古统计年鉴》8-4 和国家统计局官网数据整理得出。

由表 5-8 可知，2007～2009 年，内蒙古自治区教育经费占财政支出的比重处于下滑状态，全国教育经费占财政支出的比重也处于下滑状态，但内蒙古自治区下滑幅度更大。2010～2012 年，内蒙古自治区教育经费占财政支出比重和全国教育经费占财政支出比重的变化完全相反，全国上升，内蒙古自治区下滑。2007～2014 年，内蒙古自治区教育经费占财政支出的比重均比全国教育经费占财政支出的比重低（2010年除外）。这说明，内蒙古自治区教育经费的投入与国家平均水平相比存在不小的差距，内蒙古自治区教育的投入强度还需加大。

表5-8　2007~2017年财政用于教育的支出占地区财政支出比例　单位:%

年份	2007	2008	2009	2010	2011	2012	2013	2014	2015	2016	2017
内蒙古财政用于教育支出占财政支出比例	14.19	14.19	12.64	14.17	13.07	12.84	12.4	12.3	12.6	12.3	12.4
国家财政性教育经费支出占国家财政支出比例	14.31	14.39	13.68	13.96	15.10	16.87	15.69	15.18	16.61	16.72	—

资料来源：根据2008~2018年《内蒙古统计年鉴》8-4和国家统计局官网数据整理得出。

（二）城镇教育固定资产投资

固定资产投资是拉动经济增长的重要因素，是反映经济发展状况的重要指标，而教育固定资产投资不仅能拉动经济增长，而且对改善教学基础设施、提高办学条件具有重要意义。由表5-9可知，自2000年以来，内蒙古自治区城镇教育固定资产投资额逐年递增，2010年突破100亿元；2011年达到顶点后开始下滑，2014年下降到95.24亿元，这种急速下滑体现了教育固定资产投资的阶段性特征，而不是渐进式的上升发展；2015年和2016年又迅速增长，恢复到2010年的水平。

表5-9　2000~2016年内蒙古自治区城镇教育固定资产投资　单位：万元

年份	2000	2001	2002	2003	2004	2005	2006	2007	2008
内蒙古城镇教育固定资产投资额	97525	100625	143793	218634	271169	301218	456156	573729	692640

年份	2009	2010	2011	2012	2013	2014	2015	2016	2017
内蒙古城镇教育固定资产投资额	977990	1498993	1812312	1488358	1298503	952425	1406296	1491537	—

资料来源：根据2001~2017年《内蒙古统计年鉴》6-8、6-9数据整理得出。

（三）学校和专任教师发展状况

由表5－10可知，2000～2017年，内蒙古自治区学校数量整体来看逐年减少，主要体现在普通中等学校和小学数量的减少，普通高等学校、幼儿园、特殊教育学校的数量还是增长的。这一现象的产生，与农村学校的规模缩小、学生向城镇学校流动有很大的关系。学校过于分散不利于教学质量的提高，对于留守儿童极少的地区，合并学校、提倡寄宿制学校是提高办学效益的有益尝试。2000～2017年，学校专任教师的人数在较小幅度地缓慢增长。内蒙古自治区2000年有专任教师254568人，2014年有专任教师275720人，共增长21152人，2015年和2016年人数有所下降，2017年人数创历史最高，为277291人。

表5－10　2000～2017年内蒙古自治区学校和教师数量

年份	2000	2001	2002	2003	2004	2005	2006	2007	2008
内蒙古学校数：普通高等学校、普通中等学校、小学、幼儿园、特殊教育（所）	14372	12666	11778	10953	10149	8981	8199	7434	6885
内蒙古专任教师数（人）	254568	252927	254257	250798	257746	254234	257226	256456	259364
年份	2009	2010	2011	2012	2013	2014	2015	2016	2017
内蒙古学校数：普通高等学校、普通中等学校、小学、幼儿园、特殊教育（所）	6573	6288	6261	6426	6429	6669	6717	6730	6824
内蒙古专任教师数（人）	264646	266057	269583	274121	274772	275720	272965	271904	277291

资料来源：根据2001～2018年《内蒙古统计年鉴》20－1数据整理得出。

二、内蒙古自治区医疗卫生事业

医疗卫生主要包括医疗和卫生两部分。长期以来，对公共卫生和医疗服务两个不同性质的领域并没有明确划分，相关部门职能和政策界限模糊，因此依照惯例不作严格区分，将二者作为一个整体来进行分析研究，统一将问题置于"公共医疗卫生"分析框架中。

（一）财政用于医疗卫生的支出

公共财政预算中医疗卫生支出是政府对医疗卫生费用负担水平和重视程度的直观反映。公共财政预算医疗卫生支出占 GDP 的比例则直观反映出对医疗卫生事业发展的投入强度。由表 5-11 可知，2007~2017 年，内蒙古自治区公共财政预算医疗卫生支出逐年递增且增幅较大，与内蒙古自治区经济发展趋势一致。同期，内蒙古自治区公共财政预算医疗卫生支出占 GDP 的比例低于全国同期水平。与此形成鲜明对比的是，同期内蒙古自治区 GDP 增速远高于全国平均水平，其中 2007~2009 年内蒙古自治区 GDP 增速全国第一。可见，内蒙古自治区对医疗卫生事业发展的费用投入强度偏低。2017 年，内蒙古自治区公共财政预算医疗卫生支出占 GDP 的比例首次高于全国水平，在新时代下，在提高内蒙古自治区经济发展质量的实践中，应继续加强对公共医疗卫生服务事业的财政支持力度。

表 5-11　2007~2017 年内蒙古自治区公共财政预算医疗卫生支出及占 GDP 的比例

项目 年份	内蒙古			全国		
	生产总值 GDP （亿元）	公共财政预算医疗卫生支出（万元）	公共财政预算医疗卫生支出占 GDP 的比例（%）	生产总值 GDP （亿元）	公共财政预算医疗卫生支出（亿元）	公共财政预算医疗卫生支出占 GDP 的比例（%）
2007	6423.18	438658	0.68	268631	1989.96	0.74
2008	8496.20	598205	0.70	318736.7	2757.04	0.86
2009	9740.25	1029385	1.06	345046.4	3994.19	1.16
2010	11672.00	1207166	1.03	407137.8	4804.18	1.18
2011	14359.88	1645935	1.15	479576.1	6429.51	1.34
2012	15880.58	1779085	1.12	532872.1	7245.11	1.36
2013	16832.38	1960264	1.16	583196.7	8279.90	1.42
2014	17770.19	2277786	1.28	635910.2	10176.81	1.60
2015	17831.51	2571480	1.44	685992.9	11953.18	1.74
2016	18632.57	2846288	1.53	740060.8	13158.8	1.78
2017	16103.20	3234802	2.01	820754.3	14450.63	1.76

资料来源：根据国家统计局官网数据和 2008~2018 年《内蒙古统计年鉴》8-4 数据整理得出。

（二）城镇卫生固定资产投资额及卫生机构、床位和人员数

固定资产投资是拉动经济增长的重要因素，是反映经济发展状况的重要指标。卫生机构、床位和人员数直观反映内蒙古自治区医疗卫生资源状况。由表5－12可知，自2000年以来，内蒙古自治区城镇卫生固定资产投资额逐年递增，2012年达到顶点后开始下滑，2014年下降到52.04亿元，但与其他年份比较，依然维持在较高水平，2015年、2016年投资额继续增长。由表5－13可知，西部大开发以来，特别是"十二五"期间，内蒙古自治区医疗卫生资源总量持续扩大，卫生机构、床位和卫生机构人员总数及每万人口拥有数均大幅增加。结合内蒙古自治区实际可知，这些年来中央和内蒙古自治区财政累计投入巨大，项目总数增加明显，医疗卫生体系建设得到进一步加强，强有力地支撑了内蒙古自治区医疗卫生事业的快速发展。卫生固定资产投资对拉动经济增长、改善医疗条件、提高卫生环境质量产生了有利影响。医疗卫生事业持续、稳定、快速的发展，使内蒙古自治区"绝对性"看病难在绝对减少。

表5－12 2000～2016年内蒙古自治区城镇卫生固定资产投资额 单位：万元

年份	2000	2001	2002	2003	2004	2005	2006	2007	2008
内蒙古城镇卫生固定资产投资额	14680	13578	20958	71260	95614	94220	163946	228211	320301
年份	2009	2010	2011	2012	2013	2014	2015	2016	
内蒙古城镇卫生固定资产投资额	367593	433675	535929	712965	677633	520423	844524	939053	

资料来源：根据2001～2017年《内蒙古统计年鉴》6－7、6－8或6－9数据整理得出。

表5－13 2000～2017年内蒙古自治区卫生机构、床位和人员数

年份	2000	2001	2002	2003	2004	2005	2006	2007	2008
内蒙古卫生机构数（个）	4427	4296	3768	3595	3715	3774	3693	7853	7423
内蒙古床位合计（张）	66903	66682	64742	65072	66699	69440	70284	73830	81407
内蒙古卫生机构人员（人）	124362	131931	120628	120264	120253	121180	120571	126155	131879
每万人口医生数（人）	22	22	21	21	21	21	21	20	21

续表

年份	2000	2001	2002	2003	2004	2005	2006	2007	2008
每万人口卫生机构床位（张）	28.24	28.75	27.3	27.37	28	29.1	29.38	30.76	33.85
每万人口拥有卫生机构（个）	1.87	1.85	1.58	1.51	1.56	1.58	1.54	3.3	3.09
年份	2009	2010	2011	2012	2013	2014	2015	2016	2017
内蒙古卫生机构数（个）	7919	8052	22931	23046	23264	23426	23885	23998	24217
内蒙古床位合计（张）	87321	97811	100805	110788	120065	129011	133892	139190	150335
内蒙古卫生机构人员（人）	139488	146610	175563	183875	195943	202999	212500	221338	233075
每万人口医生数（人）	22	22	23	24	25	25	26	26	28
每万人口卫生机构床位（张）	36.05	40.38	40.8	44.5	48.07	51.51	53.32	55.23	59.45
每万人口拥有卫生机构（个）	3.29	3.32	9.24	9.26	9.31	9.35	9.51	9.52	9.58

资料来源：根据 2001~2018 年《内蒙古统计年鉴》21-5、21-6、21-7 数据整理得出。

由表 5-14 可知，2017 年年末，常住人口数量最多的是赤峰市、通辽市和呼和浩特市，每万人拥有床位合计数为赤峰市 64 张、呼和浩特市 66 张、通辽市 60 张；年末常住人口数量最少的是阿拉善盟、乌海市，拥有床位合计数为乌海市 63 张、阿拉善盟 56 张。从表 5-15 可知，2017 年年末，常住人口数量最多的是赤峰市、通辽市和呼和浩特市，每万人拥有卫生机构人员数呼和浩特市为 110 人、赤峰市为 91 人、通辽市为 81 人；年末常住人口数量最少的是阿拉善盟、乌海市，每万人拥有卫生机构人员数阿拉善盟为 119 人、乌海市为 104 人。以上说明内蒙古自治区医疗卫生资源配置未根据年末常住人口数量配置。结合实地考察发现，中心城市优质医疗资源严重集聚，而基层卫生医疗条件有限，在一定程度上对分级诊疗制度的落实形成了制约。加之中心城市常住人口和外来流动人口数量巨大，"挂号难""看病难"在所难免，内蒙古自治区医疗卫生服务均等化程度亟待进一步提高。优质医疗资源相对于居民需求的不足是"相对性"看病难的根本原因。随着内蒙古自治区经济社会的快速发展，人民群众对医疗卫生服务的要求越来越高，医疗卫生资源的总量在不断聚集，突出表现为许多人看小伤小病也涌到大医院，大医院人满为患，这与医疗卫生服务均等化水平低直接相关。"相对性"看病难是目前"看病难"的主要表现形式和特征。

表 5 – 14　2017 年内蒙古自治区各盟市拥有卫生机构、床位数

地区	年末常住人口（万人）	各盟市拥有				床位合计（张）	医院、卫生院（张）
		机构数（个）	医院、卫生院（个）	疾病预防控制中心（个）	妇幼保健所、站（个）		
呼和浩特市	311.48	2065	188	12	11	20680	19303
包头市	287.77	1779	151	11	10	18845	17041
呼伦贝尔市	252.92	1973	219	16	15	14385	13854
兴安盟	160.42	1663	123	7	6	8936	8410
通辽市	312.87	4558	242	9	8	18821	18270
赤峰市	431.48	4750	339	13	13	27423	25873
锡林郭勒盟	105.16	1377	167	14	14	5245	4943
乌兰察布市	210.25	2114	226	12	12	8702	8001
鄂尔多斯市	206.87	1640	183	9	9	11679	11007
巴彦淖尔市	168.48	1642	163	8	8	11685	9325
乌海市	56.11	311	30	4	4	3551	3175
阿拉善盟	24.80	345	56	4	3	1383	1302

资料来源：根据 2018 年《内蒙古统计年鉴》数据整理得出。

表 5 – 15　2017 年内蒙古自治区各盟市拥有卫生机构人员

地区	年末常住人口（万人）	各盟市拥有				
		卫生机构人员（人）	卫生技术人员（人）	执业医师、执业助理医师（人）	执业医师（人）	注册护师、护士（人）
呼和浩特市	311.48	34183	26498	10225	9274	11672
包头市	287.77	28758	23854	8588	7880	11023
呼伦贝尔市	252.92	26496	20978	7969	6726	8633
兴安盟	160.42	13454	10133	3891	3010	3774
通辽市	312.87	25266	17480	7114	5865	6011
赤峰市	431.48	39112	29682	11945	10000	11305
锡林郭勒盟	105.16	10225	8031	3380	2902	2900
乌兰察布市	210.25	14054	9713	3942	3161	3426

地区	年末常住人口（万人）	各盟市拥有				
		卫生机构人员（人）	卫生技术人员（人）	执业医师、执业助理医师（人）	执业医师（人）	注册护师、护士（人）
鄂尔多斯市	206.87	17709	14599	5652	5038	5581
巴彦淖尔市	168.48	15054	12353	4956	4268	4696
乌海市	56.11	5816	4776	1686	1536	2026
阿拉善盟	24.80	2948	2304	974	818	824

注：本表数据包含村卫生室数。

资料来源：根据 2018 年《内蒙古统计年鉴》数据整理得出。

（三）医疗保健人均消费支出

医疗保健人均消费支出是群众对医疗保健重视程度的直观反映。医疗保健支出占收入比例反映居民个人对医疗保健费用的负担水平。由表 5 - 16 可知，内蒙古自治区城镇居民和农村牧区居民医疗保健人均消费支出逐年增多，体现居民个人对医疗保健的重视程度逐年提高，其中农村牧区居民人均医疗保健消费支出占人均收入的比例明显高于城镇居民。城镇居民医疗保健人均消费支出占人均收入比例小范围波动，2010～2017 年呈明显递减趋势，说明城镇居民医疗保健负担在减少，"看病贵"呈缓解趋势。农村牧区居民医疗保健人均消费支出占人均收入比例波动幅度较大，呈明显递增趋势，说明农村牧区居民医疗保健负担在增加，"看病贵"未得到有效缓解。城镇居民"看病贵"问题在逐年弱化，农村牧区居民"看病贵"问题在逐渐凸显。此外，内蒙古自治区绝对贫困和相对贫困群体绝大多数集中在农村牧区，医疗保健人均消费支出占人均收入比例的递增在一定程度上对生产消费形成了"挤出效应"，加之家庭资产长期积累不足，造成"因病致贫"和"因病返贫"，即使脱贫也会返贫。

表 5 - 16　2000～2017 年内蒙古自治区医疗保健人均消费支出占人均收入比例

项目 年份	医疗保健人均 消费支出（元）		人均收入（元）		医疗保健人均消费支出 占人均收入比例（％）	
	城镇居民	农村牧区居民	城镇居民	农村牧区居民	城镇居民	农村牧区居民
2000	287. 00	104. 46	5129. 1	2038	5. 60	5. 13
2001	268. 88	113. 20	5535. 9	1973	4. 86	5. 74
2002	343. 41	116. 82	6051	2086	5. 68	5. 60
2003	425. 88	124. 42	7012. 9	2268	6. 07	5. 49
2004	473. 67	154. 51	8123. 1	2606	5. 83	5. 93
2005	533. 36	176. 44	9136. 8	2989	5. 84	5. 90
2006	553. 33	232. 76	10358. 0	3342	5. 34	6. 96
2007	719. 00	281. 46	12378. 0	3953	5. 81	7. 12
2008	869. 71	320. 62	14433. 0	4656	6. 03	6. 89
2009	992. 73	416. 87	15849. 2	4938	6. 26	8. 44
2010	1126	467. 97	17698. 2	5530	6. 36	8. 46
2011	1239	534. 18	20407. 6	6642	6. 07	8. 04
2012	1313	561	23611	7956	5. 67	7. 37
2013	1352	791	26004	8985	5. 20	8. 80
2014	1471	1114	28350	9976	5. 20	11. 17
2015	1576	1118	30594	10776	5. 15	10. 37
2016	1840	1188	32975	11609	5. 58	10. 23
2017	1907	1288	35670	12584	5. 35	10. 24

资料来源：根据 2001～2018 年《内蒙古统计年鉴》10 - 4、10 - 5 等数据整理得出。

三、内蒙古自治区社会保障和就业

（一）城镇社会保障业和社会福利业固定资产投资及财政用于社会保障和就业的支出

社会保障业和社会福利业固定资产投资是反映社会保障业和社会福利业发展状况的重要指标。财政用于社会保障和就业的支出直观反映政府对社会保障和就业的重视程度及投入强度。由表 5 - 17 可知，2000 年以来，内蒙古自治区社会保障业和社会福利业固定资产投资额增长速度很快，从 2001 年的 4952 万元增长到 2013 年的 146919. 1 万元，增长了近 29 倍。由表 5 - 18 可知，2016 年，内蒙古自治区社会保障固定资产投资额增长迅速，是 2015 年的 2. 3 倍，达到 58030 万元。由表 5 - 19

可知，2006～2017 年，内蒙古自治区财政用于社会保障和就业的支出逐年增加，从占地区生产总值比例的角度分析，财政用于社会保障和就业支出占地区生产总值比例高于国家比例，2009 年达到 2.82% 的水平，随后几年逐年下降，2013 年才恢复到 2009 年的水平，达到 2.9%，2015 年、2016 年和 2017 年继续上涨，超过 3%，达到 4.37% 的历史新高。整体来说，绝对的投入水平在增长，而相对投入水平有明显波动，群众对社会保障业和社会福利业的满意度没有达到期望的水平。

表 5-17　2000～2013 年内蒙古自治区城镇社会保障业和
社会福利业固定资产投资额　　　　　单位：万元

年份	2000	2001	2002	2003	2004	2005	2006
内蒙古城镇社会保障业和社会福利业固定资产投资额	5728	4952	2544	3850	10194	9031	10007
年份	2007	2008	2009	2010	2011	2012	2013
内蒙古城镇社会保障业和社会福利业固定资产投资额	30664	33589	87637	98570	142680	129387	146919.1

资料来源：根据 2001～2014 年《内蒙古统计年鉴》6-8、6-9 数据整理得出。

表 5-18　2014～2016 年内蒙古自治区社会保障固定资产投资额

年份	2014	2015	2016
内蒙古社会保障固定资产投资额（万元）	27371	25503	58030

资料来源：根据 2015～2017 年《内蒙古统计年鉴》6-8 数据整理得出。

表 5-19　2006～2017 年内蒙古自治区财政用于社会保障和就业的支出

年份	2006	2007	2008	2009	2010	2011	2012	2013	2014	2015	2016	2017
内蒙古财政用于社会保障和就业的支出（万元）	1136394	1520235	1915179	2749737	292435	3639716	4354719	4910111	5317643	6052610	6425355	7041436
内蒙古财政用于社会保障和就业支出占地区生产总值比例（%）	2.30	2.37	2.25	2.82	2.51	2.53	2.74	2.90	2.99	3.39	3.45	4.37

续表

年份	2006	2007	2008	2009	2010	2011	2012	2013	2014	2015	2016	2017
国家财政用于社会保障和就业支出占国家生产总值比例（%）	—	2.02	2.13	2.18	2.21	2.27	2.33	2.43	2.48	2.76	2.9	3.00

资料来源：根据 2007~2018 年《内蒙古统计年鉴》8-4 数据和国家统计局数据整理得出。

（二）失业与就业人数

由表 5-20 可知，内蒙古自治区失业人数基本上逐年增加，加上以往未就业人员，需要安置的失业人员数目从 2006 年开始维持在 50 万人左右，而内蒙古自治区登记失业人员中当年就业人数约在 21 万~33 万人之间，所以依然有 40% 以上的失业人员没有就业，这些未就业人员也是城镇贫困家庭的主要成员。

表 5-20　2000~2017 年内蒙古自治区失业与就业人数

年份	2000	2001	2002	2003	2004	2005	2006	2007	2008
年末城镇失业人数（人）	126478	144689	162700	175889	185118	177483	179786	184573	199167
内蒙古城镇当年需要安置失业人数（人）	239620	274460	345500	406755	430454	451039	527624	511642	513101
内蒙古登记失业人员当年就业人数（人）	106020	116527	174300	215118	245309	261359	320781	319431	314011

年份	2009	2010	2011	2012	2013	2014	2015	2016	2017
年末城镇失业人数（人）	201428	208110	218289	231277	238047	247676	258694	267134	270819
内蒙古城镇当年需要安置失业人数（人）	492987	513615	484723	525613	479820	470258	498667	497417	488051
内蒙古登记失业人员当年就业人数（人）	290897	303436	266418	294336	241773	222582	239973	230283	217232

资料来源：根据 2017 年《内蒙古统计年鉴》5-8 数据整理得出。

（三）社会救济和社会优抚

由表 5 – 21 可知，内蒙古自治区居民最低生活保障人数在 2007 年以前城市高于农村，从 2007 年开始农村高于城市。农村居民最低生活保障人数在 2006 年有一个飞跃，从个位数上升到十位数，2007 年在 2006 年的基础上翻一番，2008 年上升为三位数，2013 年达到历史最高，为 125.31 万人。城市居民最低生活保障人数在 2010 年以前基本逐年递增，2007～2012 年维持在 80 万～90 万人，没有太大的变动幅度，2013 年后人数逐年降低。综上所述，随着经济发展，城市低收入者数量得到了有效控制，农村越来越多的低收入者被纳入最低生活保障范围，经济发展的包容性得到初步体现。

表 5 – 21   2000～2017 年内蒙古自治区城市和

农村居民最低生活保障人数   单位：万人

年份	2000	2001	2002	2003	2004	2005	2006	2007	2008
城市居民最低生活保障	10.5338	30.7889	64.8253	70.46	71.71	69.69	72.41	80.07	85.06
农村居民最低生活保障	8.136	5.7229	3.8619	2.74	1.54	6.01	42.75	90.59	113.87
年份	2009	2010	2011	2012	2013	2014	2015	2016	2017
城市居民最低生活保障	87.47	85.37	84.81	80.8	78.38	70.58	60.27	49.14	43.04
农村居民最低生活保障	121.08	115.57	116.45	123.51	125.31	122.15	116.42	112.76	119.87

资料来源：根据 2001～2018 年《内蒙古统计年鉴》21 – 13、21 – 8 数据整理得出。

（四）社会福利事业

由表 5 – 22 可知，内蒙古自治区收养性福利事业单位数量在减少，而收养性福利事业单位床位数在增加，反映出内蒙古自治区收养性福利事业单位的规模在不断扩大；社会福利事业支出逐年增长，2015 年达到 1410122 万元。每年年末收养人数呈现阶段性增长，2002～2006 年每年年末收养人数为 1 万多人，2007～

2010 年每年年末收养人数为 3 万多人，2011～2017 年每年年末收养人数为 4 万多人，只有 2014 年突破 5 万人，这体现了社会福利事业的稳定发展。与此同时，国家办的收养性福利事业单位所占比例极少，集体和民办的收养性福利事业单位比重过大，说明内蒙古社会福利事业市场化运作稳步推进，政府监管缺位的概率加大。

表 5－22　2002～2017 年内蒙古自治区社会福利事业

项目 \ 年份	2002	2003	2004	2005	2006	2007	2008	2009
收养性福利事业单位（个）	812	802	775	774	790	806	756	768
国家办	83	87	33	33	33	33	33	35
集体和民办	729	715	742	741	757	773	723	733
收养性福利事业单位床位数（张）	21813	21706	23116	26411	25332	40898	44230	45560
年末收养人数（人）	15941	15758	16389	16251	18852	31611	34634	36448
社会福利事业支出（万元）	17989.5	101065	127523	145209	197140	283105	429115	575898

项目 \ 年份	2010	2011	2012	2013	2014	2015	2016	2017
收养性福利事业单位（个）	670	692	730	722	727	671	718	732
国家办	34	34	34	—	—	—	—	—
集体和民办	636	658	696	—	—	—	—	—
收养性福利事业单位床位数（张）	43218	53379	69173	78484	87090	86963	89975	91488
年末收养人数（人）	34887	41474	42202	49811	52949	45264	46471	46097
社会福利事业支出（万元）	773465	968085	1117507	1236610	—	1410122	1400525	1530139

资料来源：根据 2003～2018 年《内蒙古统计年鉴》21－10、21－11、21－12 等数据整理得出。

（五）社区服务

内蒙古自治区进入老龄化社会后，城镇社区服务设施和城镇便民利民服务网点的完备关系到居民的生活质量，尤其是一些关系老年人的健身、娱乐、医疗等方面的社区服务，影响老年人的生活质量。由表 5－23 可知，近些年来内蒙古自治区城镇社区服务设施和城镇便民利民服务网点数目都在减少，减少的幅度比较大，这不利于基层社区公共服务职能的发挥。

表5－23 2002～2017年内蒙古自治区城镇社区服务设施和城镇便民利民服务网点

年份	2002	2003	2004	2005	2006	2007	2008	2009
城镇社区服务设施（个）	4398	5995	6089	4192	4985	3617	5109	4270
城镇便民利民服务网点（个）	34420	41868	43052	22903	23411	23803	24714	25223
年份	2010	2011	2012	2013	2014	2015	2016	2017
城镇社区服务设施（个）	5194	1315	1928	2122	2789	3754	4159	4495
城镇便民利民服务网点（个）	25684	15294	9627	8552	8861	6721	381	—

资料来源：根据2003～2018年《内蒙古统计年鉴》21－13数据整理得出。

（六）社会保障

由表5－24可知，2002～2013年内蒙古自治区参加基本养老保险职工人数和参加基本医疗保险人数逐年递增，2014～2017年内蒙古城镇职工基本养老保险参保人数逐年递增。统计年鉴中城乡居民养老保险参保人数2015年、2016年和2017年分别为734万人、736万人和743万人，体现了社会保障覆盖面的逐年增大。社会保险基金收入、社会保险基金支出和社会保险基金累计节余2003～2017年也逐年递增，体现了内蒙古自治区社会保障水平的提高和逐步完善。但也应该注意到，内蒙古自治区参加基本养老保险职工人数和参加基本医疗保险人数占总人口的比重依然比较低，如2013年参加基本养老保险职工人数占年末总人口的20.12%，参加基本医疗保险人数占年末总人口的39.49%；2016年参加城镇职工基本养老保险职工人数占年末总人口的25.99%，参加基本医疗保险人数占年末总人口的40.45%；2017年参加城镇职工基本养老保险职工人数占年末总人口的27.45%，参加基本医疗保险人数占年末总人口的85.48%；参加基本医疗保险人数增速明显，没有正式工作人员的养老医疗依然是社会保障面临的主要问题。

表5－24 2002～2017年内蒙古自治区社会保障

年份	2002	2003	2004	2005	2006	2007	2008	2009
参加基本养老保险职工人数（万人）	222	228	319	339	357	371	389	411
参加失业保险人数（万人）	220	222	222	222	223	224	226	230
参加基本医疗保险人数（万人）	221	252	273	292	316	353	374	805
社会保险基金收入（万元）	—	78.4442	93.88	113.19	160.28	199.09	289.36	334.91
社会保险基金支出（万元）	—	66.6245	80.25	96.76	118.43	149.75	215.14	262.82
社会保险基金累计节余（万元）	—	46.4185	58.35	74.78	117.32	166.64	241.92	309.8

年份	2010	2011	2012	2013	2014	2015	2016	2017
参加基本养老保险职工人数（万人）	431	452	472	502.47	525	579	655	694
参加失业保险人数（万人）	231	233	233	233.40	236.30	242.06	241.13	247.08
参加基本医疗保险人数（万人）	886	907	968	986.21	998.12	1008.05	1019.34	2161.51
社会保险基金收入（万元）	387.64	538.98	709.54	811.91	908.98	1064.1	1117.61	1301.88
社会保险基金支出（万元）	306.43	412.96	570.44	711.67	873.69	1002.61	1068.40	1090.38
社会保险基金累计节余（万元）	387.6	518.67	741.09	756.06	828.67	894.38	943.61	1185.45

注：由于《内蒙古统计年鉴》统计指标的变化，加底色数据为 2014~2017 年城镇职工基本养老参保人数。

资料来源：根据 2003~2018 年《内蒙古统计年鉴》21-8 数据整理得出。

本章小结

社会维度下内蒙古自治区经济的包容性发展，是实现全面建成小康社会的必然选择，当前最突出的问题就是要决胜脱贫攻坚，有效增加基本公共服务供给，促进基本公共服务均等化。

通过分析内蒙古自治区贫困旗县数据，发现如下特征：第一，内蒙古自治区贫困旗县点多、面广、连片，贫困旗县中少数民族聚居旗县占比大；第二，内蒙古自治区贫困旗县地理区域类型以边境、牧区、山老区为主，许多贫困旗县同时兼有以上多种地理区域类型特征；第三，内蒙古自治区贫困旗县全社会就业人员多集中在第一产业，第二、第三产业就业人员人数偏少。这些特征使得"靠天吃饭"的人数多、比重大，生产力水平低的现状短期内难以扭转，粗放型资源开发扶贫与当地生态环境承载力矛盾突出，社会化大生产制约因素相对较多，内蒙古自治区脱贫攻坚工作任务重、难度大，涉及少数民族贫困人口多，需要大量的人力、物力、财力来保障。

通过分析内蒙古自治区贫困旗县居民收入数据，发现如下特征：第一，内蒙古自治区贫困旗县与所属盟市非贫困旗县或行政中心旗县（市、区）的全体居民人均可支配收入差距大。第二，内蒙古自治区贫困旗县域内农村牧区常住居民人均可支配收入与城镇居民人均可支配收入差距巨大。两个巨大表明内蒙古自治区盟市域内经济发展不平衡，且其城镇与农村牧区经济发展的不平衡需要进一步分析原因，实施精准扶贫。

通过分析内蒙古自治区教育状况发现，财政用于教育的支出、学校专任教师的人数和普通高等学校、幼儿园、特殊教育学校的数量逐年增长，而普通中等学校和小学数量在减少，教育固定资产投资 2012 年开始下滑，财政性教育经费支出占国内生产总值比例均普遍低于国家同期。这说明内蒙古自治区教育经费的投入与国家平均水平存在差距，内蒙古自治区还需要加大教育的投入力度，切实保证教育健康有序地发展。

通过分析内蒙古自治区医疗卫生状况发现，医疗卫生资源总量持续扩大，卫生机构、床位和卫生机构人员总数及每万人拥有量均大幅增加，使内蒙古自治区"绝对性"看病难在绝对减少，但内蒙古自治区公共财政预算医疗卫生支出占GDP 的比例低于全国同期水平，对医疗卫生事业发展的费用投入强度偏低，对公共医疗卫生服务事业的财政支持应当进一步加强。同时，医疗卫生资源集聚比较明显，医疗卫生服务均等化亟待进一步提高，"相对性"看病难是目前"看病难"的主要表现形式和特征。城镇居民"看病贵"问题在逐年弱化，农村牧区居民"看病贵"问题在逐渐凸显。

通过分析内蒙古自治区社会保障和就业状况发现，内蒙古自治区财政用于社会保障和就业的支出逐年增加，占地区生产总值比例高于全国水平，收养性福利事业单位规模不断扩大。城市低收入者数量得到了有效控制，农村越来越多的低收入者被纳入最低生活保障范围，经济发展的包容性得到初步体现。社会保障覆盖面逐年增大，参加基本养老保险职工人数和参加基本医疗保险人数逐年递增，但占内蒙古自治区总人口的比重依然比较低。内蒙古自治区城镇每年失业人数再就业后未就业人数维持在 13 万 ~ 28 万人，是城镇贫困家庭的主要成员。

第 六 章

区域经济发展质量提升面临的问题及成因分析

通过对内蒙古自治区经济发展质量评价指标经济、自然和社会三个维度的分析总结发现，内蒙古自治区在经济发展过程中存在着创新发展中发展驱动力不足、协调发展中发展整体性不强、绿色发展中转型任务艰巨繁重、开放发展中开放型经济水平不高、共享发展中发展包容性程度低等问题。具体来说，在科技创新、产业结构、资源环境、生态补偿、人口质量、脱贫攻坚、基本公共服务等方面存在短板，需要认真分析、长远规划、整体布局，以实现内蒙古自治区经济又好又快发展。

第一节　内蒙古自治区经济发展质量存在的问题

一、科技创新水平对提升经济效率贡献不足

（一）自主科技创新能力不足

随着内蒙古自治区全社会劳动生产效率和投资效率的下降，技术要素对经济增长的拉动效应还没有充分显现。以技术市场成交额为例，2010 年为868893 万元，2011 年为 734260 万元，2012 年为 2184318 万元，2013 年为1589334 万元，2014 年为 1576755 万元，2015 年为 1899589 万元，2016 年为1441900 万元，2017 年为 1627852 万元，科技成果的转化金额呈现重复降升的态势，技术成果转化波动较大。此外，内蒙古自治区仅拥有内蒙古伊利实业集团股份有限公司、内蒙古阜丰生物科技有限公司、内蒙古金宇保灵生物药品有限公司和内蒙古中环光伏材料有限公司共 4 家国家技术创新示范企业，还没有国家级的自主创新示范区，不利于打造本地区的核心技术供给平台。从数量来看，专利申请批准量逐年递增，2010 年为 2096 件，2011 年为 2262 件，2012年为 3090 件，2013 年为 3836 件，2014 年为 4031 件，2015 年为 5522 件，2016 年为 5846 件，2017 年为 6271 件，申请数量有所增长，但实用新型占比最多。例如，2017 年，实用新型批准量最高，为 4453 件，占比 71%；其次为外观设计，占比 15.5%；最后才是发明，占比 13.5%。提高科技创新能力和创新效率水平对内蒙古自治区经济增长具有重要意义。

（二）对外科技技术合作不足

内蒙古自治区是我国重要的沿边地区，边境线长达 4200 千米，与蒙古国和俄罗斯联邦接壤。内蒙古自治区现有二连浩特和满洲里 2 个重点开发开放试验区和边境经济合作区，积极努力打造跨境经济合作区。根据《内蒙古统计年鉴》的数据，2017 年内蒙古自治区对外贸易中进口总额较高的产品包括矿产品、木及木制品等、机器、机械器具、电气设备及零件和录音机等；对外贸易

中出口总额较高的产品包括化学工业及其相关工业产品、贱金属及其制品、植物产品和纺织原料制品等。通过主要进出口产品种类发现，进口产品主要集中在矿产资源初级产品及林木资源产品领域，出口产品主要集中在化学工业品、钢铁板材和纺织品领域。

整体而言，内蒙古自治区高精尖产品进口少，初级产品进口多，产能过剩产品出口多，高精尖产品出口少，且技术开发与合作比较少，还没有建立跨境经济技术合作平台。此外，内蒙古自治区利用内外部技术进行合作的案例还比较少，与发达国家和发达地区的经济技术合作还没有呈现跨越式发展的态势，严重制约经济增长效率的提升。

二、产业结构不合理，工业结构问题突出

2002～2016年，内蒙古自治区GDP的增长速度由12.1%的高速度回落到7.3%的中高速度，2017年仅为4%。受市场需求减弱、主要工业品价格下降、能源外送通道不畅等因素的影响，从2013年开始，内蒙古自治区经济出现明显的回落趋势，经济增长跌破10%，经济从高速增长转为中高速增长。进入新常态，资源型城市的经济下行速度较快，主要原因在于企业遭遇市场价格下跌，产能严重过剩，资金周转不灵，普遍出现了亏损。这种现象在资源型产业密集的地区十分普遍。所以，资源型产业密集的地区面临严重的产业结构调整问题，而工业结构内部存在的问题则更为突出。

（一）第一产业的发展对农牧民收入和消费增长意义重大

农牧业作为内蒙古自治区特色产业、优势产业和基础产业，自2009年以来呈现比较稳健的发展态势。2008年以来，内蒙古自治区已经连续8年实施高产高效创建活动，投入资金3.63亿元，累计创建高产示范区2256片，累计创建面积4257.3万亩，基本辐射到了全区12个盟市所有的农业旗县和重点乡镇，涵盖了主要粮油作物和特色作物，辐射带动全区粮、油、糖均衡增产累计

达到103.1亿斤[①]。在畜牧业方面，通过本地畜种的保护与改良，以及良种畜的引进和繁育，提高了牲畜的存栏数、存活率及肉品质，肉类地理品牌在全国具有一定知名度。然而，在农牧业产品产量和质量不断提升的过程中，农牧民的收入受到供给需求规律和需求价格弹性的影响，增长幅度还不能够满足农牧民的消费需求，小规模低效率种地养畜只能保证基本生活，对于进一步增加农牧民收入、扩大消费需求还需要在多方面做出改进。

（二）第二产业内部以重工业为主导的部分工业产品产能过剩

西部大开发以来，内蒙古自治区紧抓国家发展战略机遇，依托资源优势，大力发展能源重化工产业，保持经济十多年来超高速增长。随着国内外市场的变化，2013年内蒙古自治区经济增长速度开始跌破10%，由9%降到2017年的4%。进入新时代，内蒙古自治区经济面临的首要任务和风险就是钢铁、煤炭、水泥等主要工业产品的产能过剩问题，在未来几年的产能削减过程中，可能面临资产负债表恶化、产能关停兼并提速、信贷违约风险以及就业裁员等压力。由于近年来国际市场能源资源价格波动，产能过剩企业职工将会面临更大的失业风险，尤其是对生产初级产品的产能过剩企业职工影响更大。因此，第二产业内部结构的突出问题是部分工业产品产能过剩，究其根源是主导产业资源依赖性强，受国际市场价格波动影响较大造成的。

（三）第三产业主要依赖传统服务业，现代服务业有待发展

内蒙古自治区随着城镇化的发展、人口的集聚，第三产业产值逐年增加。通过分析第三产业增加值构成发现，传统服务业如住宿餐饮、交通运输、批发零售、邮政和仓储业发展较快，其产值占到第三产业增加值比重的一半还多；现代服务业如技术服务、信息服务、教育、科学研究、金融保险等的产值占第三产业增加值比重较低，发展潜力巨大。与民生关系密切的卫生、社会保障和社会福利业等第三产业有待发展，内蒙古自治区第三产业的发展主要依赖传统服务业的局面没有发生根本改变。

---

① 王国英：《内蒙古高产创建活动8年累计增产粮油糖103亿斤》，《内蒙古日报》2015年8月14日，第2版。

三、经济增长与资源、环境矛盾凸显，生态补偿建设不足

（一）资源依赖性经济结构造成资源枯竭型城市的形成

内蒙古自治区土地、森林、草原资源丰富，尤其矿产资源更是丰富，但水资源却比较短缺。近些年来，内蒙古自治区依托优势工业，尤其是能源行业，经济增长较快，具有典型的资源依赖性特征。为了响应国家节能降耗的要求，内蒙古自治区单位 GDP 能耗基本上呈现逐年递减的态势，能源利用效率不断提高，但是历史欠账以及资源型城市的自身特点，使内蒙古自治区出现了多个资源枯竭型城市和区域，包括阿尔山市、乌海市、包头市石拐区。内蒙古自治区其他资源型城市如果不优化产业结构，提高资源利用效率，增强科技创新能力，在今后的发展中也会面临相同的问题，如煤炭资源型城市赤峰市、鄂尔多斯市、霍林郭勒市；森工资源型城市呼伦贝尔市；石油资源型城市锡林浩特市等。

（二）经济增长的环境成本较高

内蒙古自治区随着经济的快速增长，工业"三废"的排放量也在增加，碳排放没有持续的下降趋势，而是小幅波动。内蒙古自治区对主导产业工业节能减排的重视及治理效果显现，工业增加值能耗逐年降低，排污产权交易方面正在不断地完善和规范。但是，内蒙古自治区经济发展并未摆脱先污染后治理的发展模式，工业"三废"排放量随经济增长持续增加就是体现。在能源消费结构中，内蒙古自治区依然以煤炭为主，造成大量污染物的排放，短期内难以根本解决。生态环境污染治理、控制及生态环境的保护与恢复将是一项长期工程，其成本也将是长期存在的。

（三）生态补偿由政府主导，市场化程度较低

目前，内蒙古自治区资源有偿使用和生态补偿制度的构建主要由政府主导，市场化发展欠佳。从国内外文献分析，资源和生态服务市场化能对资源有偿使用和生态补偿建设产生更有效率、更可持续的推动作用。一般情况下，市

场主导的生态补偿机制须满足产权清晰、产权能够自由交易以及交易费用较低三个前提。对照上述三个条件，尚且不说交易市场和平台的建立，就最基本的产权确定工作都是比较困难的。生态补偿市场化机制有待进一步落实，资源环境价格机制的欠缺，生态保护补偿基金的有效利用，排污权交易二级市场的建立，用水权、排污权、碳排放权初始分配制度和建设交易平台的完善，都是生态补偿机制健全完善面临的问题。

四、人口老龄化问题及人才培养质量提升双向趋紧

（一）人口老龄化问题开始显现

人口作为经济增长的要素，如果数量减少，从供给的角度来看，会造成地区劳动力供给趋紧，并推动劳动力成本上涨；从需求的角度来看，会降低消费需求，进而削弱需求对经济增长的拉动力。2010年，内蒙古自治区65岁及以上人口占内蒙古总人口的百分比达到7.56%，内蒙古的人口老龄化问题也开始显现。人口老龄化会引起消费结构的变化，与老年人相关的消费会大幅增加；也会引起劳动力供给的变化，劳动力减少、劳动力价格升高。同时引发家庭养老负担加重等社会问题，社会保障体系也将面临巨大的压力。

（二）人才培养质量提升对教育质量提升提出更高的要求

人才的培养离不开社会、家庭和学校的教育，而学校教育又是重中之重。现阶段社会对人才的要求不仅是知识型人才，同时也是实践型人才，要求不仅懂得理论知识，而且能够善于动手操作。2007～2016年，内蒙古自治区教育财政支出逐年递增，但是占国内生产总值比例均低于国家同期水平，软硬件投入自然低于全国平均水平。教育质量提升面临硬件基础设施落后、软件师资力量不足的问题。面对社会需求的变化，以及对人才培养质量提升的要求，实践能力和创新能力的培养成为教育质量提升的关键。

五、绝对贫困现象的减少，相对贫困现象的上升

（一）绝对贫困现象在绝对减少，而相对贫困现象在相对上升

改革开放和西部大开发以来，内蒙古自治区经济社会快速发展，绝对贫困现象在绝对减少。随着贫困线标准逐步提高与低收入群体购买力的下降，收入偏低仍然可能陷入相对贫困状态而难以自拔，相对贫困现象在相对上升。根据世界银行 2015 年 10 月 4 日的数据显示，国际贫困线标准上调至每人每天 1.9 美元。现阶段，中国执行 2011 年国家确定的人均年纯收入 2300 元人民币的贫困线标准，经济发达地区可根据自身实际和能力确定更高的本地扶贫标准。这一国家标准 2015 年增长为 2800 元，2016 年约为 3000 元。

从 2011 年开始，内蒙古自治区对扶贫标准进行调整，确定农区农民扶贫标准为人均纯收入 2600 元，牧区牧民扶贫标准为人均纯收入 3100 元。在这一标准下，内蒙古自治区贫困人口数量为 266.58 万人，贫困发生率为 20.34%。近几年，精准脱贫政策的实施，使贫困人口数量大幅度减少，13 个区贫县和 10 个国贫县脱贫摘帽，脱贫攻坚效果显著。

（二）贫困群体格外关注扶贫帮困的效率，渴望表达意愿

基层群众谋发展、奔小康的愿望更加迫切，对产业扶贫、金融扶贫、科技扶贫、易地移民搬迁扶贫、转移就业扶贫、教育扶贫、健康扶贫、生态扶贫等更加关注，对扶贫项目的精准选择、扶贫机制的灵活运用要求更高，渴望获得渠道表达利益诉求，尤其是直通上层的"绿色通道"。通过调研发现，存在贫困户"纸上脱贫"的现象，对贫困的鉴定标准不尽合理，没有入户实际调查，仅根据数据表中家庭人口数量、年龄和伤残等级等指标估算家庭收入，没有根据具体情况进行实际调查，一方面鉴定标准不够细化、存在漏洞，另一方面不进行真正入户难以鉴定实际情况。

（三）低收入群体返贫现象增多

返贫现象主要与贫困人口集中在第一产业，贫困地区密集分布在生态环境

承载力低、自然灾害频发、农业生产条件恶劣的地理区域有关。长期以来,贫困群体财产收入积累不足,如遇大额医疗、教育支出和灾年农牧业生产减产,即使脱贫也极易返贫。加之贫困地区基本公共服务供给不足、能力薄弱,难以有效遏制返贫现象抬头。

(四) 贫困群体转移就业成本高、顾虑多

由于城乡二元结构没有完全打破,阻碍劳动力自由流动的因素依然存在,加之城乡经济社会发展差距日益增大,贫困群体转移就业、进城务工成本升高,尤其是在住房、劳务维权、劳务中介、社会保障、子女就近入学方面面临诸多问题。劳务输出的同时,贫困群体对留守老人、妇女和儿童的顾虑增多。由于在教育技能培训方面的不足等问题,农村牧区的贫困人口即使成为城镇常住居民,也多属于低端就业群体,容易成为贫困的城镇人口。

(五) 精神贫困问题仍未根除

"等、靠、要"是精神贫困的直接体现,严重影响着反贫困战略的成效。实地调研过程中发现,在扶贫项目选择精准、扶贫机制运用灵活、群众意愿表达充分的贫困地区,基层群众"等、靠、要"的思想并不普遍存在,继续加强宣传文化思想阵地建设能够起到很好的效果。

六、基本公共服务均等化相对滞后

(一) 基本公共服务供给不足

内蒙古自治区随着经济快速增长和财政收入逐年增加,用于基础教育、医疗卫生和社会保障就业的财政支出总额增幅巨大,用于公共服务的财政支出在不断增加,但也不难发现,基本公共服务财政投入占 GDP 比重或占财政支出比重普遍低于同期国家水平,群众对基本公共服务的满意度不高,体现在基本公共服务投入的数量和质量上,这说明内蒙古自治区基本公共服务供给仍然不足。在教育方面,优质教育资源集中于市,县乡随子女上学进城的家庭越来越多,造成市级教育资源供给不足。在医疗卫生方面,"绝对性"看病难在绝对

减少，但依然存在，尤其在内蒙古自治区经济落后、交通不便、地广人稀的偏远农村牧区，这与政府对社会基层医疗服务体系的重视程度、费用负担比例规定及公共财政预算医疗卫生支出水平直接相关。基本公共服务供给不足引起的相对性看病难的问题依然存在，难以保证绝对性看病难问题不反弹。社会保障和就业方面，在养老、医疗、失业等方面，供给依然不足，很多非固定就业人口的社会保障问题依然严峻，而对于农村地区的供给更是不足，不能满足其基本的生存需求，年老后主要靠子女赡养，存在很大的风险性。

（二）基本公共服务城乡存在差异

近年来，内蒙古自治区加大了对农村基本公共服务的供给，农村居民最低生活保障和农村合作医疗体系的建设，都着力于解决和提高农村的基本公共服务水平，但是城乡差距依然存在。从教育方面看，内蒙古自治区城乡的教育投入存在严重的不均衡，农村的教育条件大大落后于城市的教育条件，主要体现在师资力量、教学仪器、教学设施等方面。从根源来说，正是由于教育经费在城乡之间的差异，才导致了城乡在教育上的全方位的差距。从医疗卫生方面看，由于受到城乡二元结构的影响，内蒙古自治区把大部分医疗卫生资源投向城市，使城市居民享有较高水平的医疗卫生条件。在医疗保健人均消费支出方面，医疗保健人均消费支出逐年增多，其中农村牧区居民人均医疗保健消费支出占人均收入的比例明显高于城镇居民。内蒙古自治区绝对贫困和相对贫困群体绝大多数集中在农村牧区，医疗保健人均消费支出占人均收入比例的递增，在一定程度上对生产消费形成了"挤出效应"，加之家庭资产长期积累不足，即使脱贫也会因病返贫。从社会保障覆盖面来看，绝大部分城镇居民可以通过工作单位参加养老保险、失业保险、生育保险、工伤保险、医疗保险，而绝大部分农牧民没有固定工作，参加保险的可行途径欠缺。从社会保障项目来看，城镇居民除了参与五险，还能够享受住房公积金、经济适用房、廉价租住房等社会保障，而农牧民只能享受低水平养老、新型农村合作医疗、最低生活保障等社会保障，很多风险都由自己承担，经济压力很大。综上所述，内蒙古地区农村居民和城市居民的公共服务水平存在巨大差距，城市居民远远优于农村居民，惠及全体居民的基本公共服务建设迫在眉睫。

（三）基本公共服务均等化问题依然存在

对基本公共服务均等化理解不是一个绝对的概念，而是一个相对的概念，基本公共服务均等化并不意味着所有居民享有完全一致的公共服务，而应该是在承认地区、城乡、人群差异的前提下，使各群体享有差距合理的均等化。近年来，基本公共服务提供着力解决的是城乡差距，而区域和人群差距也是需要面对的问题。不同区域教育、卫生和社会保障服务的提供存在差距，这主要与各盟市的经济发展水平相联系，教育、卫生和社会保障服务需要大量的政府支出，财政收入水平就至关重要。教育资源的非均等化依然存在，尤其是中小学义务教育择校成风。随着生活条件的改善，人们对医疗卫生质量的要求越来越高，医疗卫生资源的总量在不断聚集，突出表现为许多人看小伤小病也涌到大医院，大医院人满为患，与医疗卫生服务均等化直接相关。社会保障方面，很多非固定就业人口的养老保险问题、看病就医问题都是群体差异造成的，说明社会保障体系还不是很完善，很多边缘人群的社会保障还没有实现。

第二节　内蒙古自治区经济发展质量存在问题的成因分析

内蒙古自治区在经济发展过程中，依托丰富的自然资源，GDP 产值在 2002～2012 年以高于 10% 的速度增长，而在 2013 年突然跌破 10%，2017 年降到 4%。西部大开发以来，在"唯 GDP 发展观"的影响下，GDP 数据显现出经济快速增长的良好趋势，但在 2013 年的拐点，增长速度放缓，开始进入新常态。纵观十几年来内蒙古自治区经济的发展，内蒙古自治区在注重资源开发、促进经济增长方面，没有充分考虑经济增长与自然、社会的协调持续发展，由此带来了诸多问题，究其原因可以概括为以下几个方面。

一、"唯 GDP 的发展观"

长期以来，内蒙古自治区经济发展的首要目标是经济增长，在这种目标的导引下，不自觉地确立起一种单纯追求发展速度而忽视发展质量的赶超战略，简而言之，就是把经济的增长与经济的发展等同起来，各级政府只追求 GDP 量的增长，而不顾质的提高，观念上形成了一切向 GDP 数据看齐的观念，引发了一系列经济、自然和社会等方面的问题。

（一）"唯 GDP 的发展观" 导致产业结构失衡

"唯 GDP 的发展观" 导致了在产业布局时，优先发展产值高、投资收益快的产业。显而易见，矿产资源开采投资大、收益高、技术附加值低，所以内蒙古自治区依托矿产资源优势，凭借大规模投资，优先发展资源型产业，形成以重工业为主导的产业结构，第一产业现代化水平低，第三产业中的新兴产业发展滞后。内蒙古自治区经济发展主要依靠投资和物质资源的拉动，第二产业独大，造成三次产业结构失衡。

（二）"唯 GDP 的发展观" 引发资源枯竭、环境破坏问题

特定时期内，"唯 GDP 的发展观" 使政府将 GDP 的增长作为经济发展的唯一目标，把 GDP 增长速度作为经济发展的首要任务，不惜代价、不计后果地增长 GDP，没有考虑环境成本，造成了自然资源的枯竭与环境的破坏。诸如资源枯竭型城市乌海、内蒙古腾格里沙漠污染事件的曝光，反映出 "唯 GDP 发展观" 带来的恶果，如果继续忽视 GDP 增长过程中产生的空气污染、水污染、土地污染等的环境成本，肆无忌惮地开发资源，单纯只看短期的 GDP 产值，社会福利难以改善，甚至连最基本的生存权也会受到威胁。

（三）"唯 GDP 的发展观" 注重效益优先

"唯 GDP 的发展观" 强调 GDP 的增长、效益优先，而在促进 GDP 增长的同时，没有及时充分考虑社会福利的改善，如 GDP 增长的同时，对教育、医疗卫生、社会保障等公共服务投资的比例没有明确规定，对就业岗位提供数量增长没有对应的产业布局，以及对于缩小贫富差距、促进居民收入提高的分配体系没有科学决策。"唯 GDP 的发展观" 没有直接反映以人为本的发展理念，对于社会福利的改善没有具体进行规制。

（四）"唯 GDP 的发展观" 忽视 GDP 构成

"唯 GDP 的发展观" 更加重视 GDP 总量，而忽视 GDP 构成，而决定地区

实力的是 GDP 构成而不是 GDP 总量。2016 年，内蒙古自治区 GDP 总量位居全国第 16 名，而增速却位居全国第 24 名；2017 年，内蒙古自治区 GDP 总量位居全国第 22 名，而增速却位居全国第 29 名。这与不重视 GDP 构成息息相关，说明 GDP 构成中高附加值产业比重低，技术优势和引领优势没有凸显，缺乏持续增长的内生动力。

二、内蒙古自治区经济发展中对资源型产业的路径依赖

路径依赖理论解释的是过去的选择给现在和将来带来的影响，指人们一旦选择某一路径，就会沿着这一路径继续发展，不能摆脱并锁定在该路径上。资源丰富的地区由于资源经济效益高，且相关产业培育过程简单等，容易形成路径依赖式的发展模式。路径依赖理论最先用来描述生物演进路径，接着布莱恩·阿瑟将该理论应用于技术变迁的路径分析，后来诺斯将该理论应用于制度变迁中。现今，也有一些经济学家用路径依赖理论分析区域经济演化的机理。

内蒙古自治区在经济发展过程中，依托资源优势，在规模效应的强化作用下，资源产业发展出现规模报酬递增，形成路径依赖，初期的效果是积极的，促进了经济增长。然而，随着路径依赖程度的加深，其发展过程只是在原有轨迹上延伸形成惯性，过度依赖资源来支撑一个地区的经济发展，随着当地的资源储量与质量的下降，出现资源枯竭、环境破坏等问题。同时，相关产业的技术水平、产业结构等各方面都出现了相应的问题，进入锁定状态，资源型地区在短时间内从资源依赖型经济转向非资源依赖型经济难以实现。

（一）产业技术锁定和人才锁定

地区经济的发展依赖资源型产业陷入路径依赖后，在技术创新方面可能会出现技术锁定和人才锁定。在实现技术进步和技术创新方面，政府会自觉不自觉地对资源型产业投入更多的人力、物力和财力，对于其他非主导产业的技术创新和人才培养产生"挤出效应"。另外，由于投入企业的生产性设备和技术只能用于特定的生产和服务，当人们想进行技术创新的时候，这些设备就很可能被淘汰，很难继续发挥作用，这里面的沉淀成本就十分巨大，给技术创新带

来了障碍①。因此，短期内可能造成资源技术高度集聚，长期来说造成产业转型升级困难，对政府依赖程度高。

（二）产业结构锁定

内蒙古自治区作为资源型产业占据主导地位的地区，在产业发展过程中，往往侧重发展主导产业，对主导产业进行重点支持和帮扶，对其他产业的发展投入过低、不够重视。这种倾向可能会使地区产业结构呈现出第一产业基础比较薄弱，第二产业比重过大，第三产业发展比重低，滞后于第一、第二产业发展的现象。更为严重的后果，就是一些资源枯竭型城市的出现，如内蒙古自治区阿尔山市、乌海市、包头市石拐区就被确定为资源枯竭型城市（区），牙克石市、额尔古纳市、根河市、鄂伦春旗和扎兰屯市也参照享受资源枯竭型城市各项补贴政策。

（三）城市经济的非均衡发展，城市间贫富差距拉大

经济发展中对资源型产业的路径依赖，引发不同城市间经济的非均衡发展。矿产资源丰富的城市成长期经济增长快于其他资源丰富的城市，矿产资源丰富的城市衰退期经济增长急速下降，造成地区经济增长速度的差异、居民收入的差距，如2017年经济增长较快的鄂尔多斯市和包头市产值领跑全区，资源和环境较差的阿拉善盟、兴安盟和资源枯竭的乌海市产值垫底。产值的差距反映出城市经济的非均衡发展，城市间经济发展差距自然会间接影响居民收入和生活水平。

三、内蒙古自治区在全国区域经济分工中的地位对经济发展质量的影响

内蒙古自治区由于独特的资源优势和地理位置，在全国区域经济分工中的地位十分重要，这种经济分工投资始终是拉动经济增长的主要手段，但与此同

---

① 聂良：《区域发展中对资源产业路径依赖研究》，江西师范大学财政金融学院硕士学位论文，2012年，第12页。

时，对经济发展方向也会产生一定影响。

（一）内蒙古自治区是国家战略资源支撑基地

资源分布和工业布局的特点，决定了我国北煤南运、西煤东运的基本格局。内蒙古自治区作为煤炭资源、有色金属资源丰富的省份，是国家能源储备和能源应急保障的重要地区。西部大开发以来，北煤南运、西电东输，为全国区域经济发展提供了能源保障，内蒙古自治区在这一战略定位下，形成了以重工业为主导的产业结构，国家和自治区为了保障能源外运畅通和战略安全，加大了基础设施建设。2010 年的《国务院关于印发全国主体功能区规划的通知》、2011 年的《国务院关于进一步促进内蒙古经济社会又好又快发展的若干意见》、2013 年的《国务院关于印发能源发展"十二五"规划的通知》、2017 年的《国务院关于印发全国国土规划纲要（2016—2030 年）的通知》中，都强调加快内蒙古自治区既有铁路、公路干线扩能改造，新建铁路、公路煤运通道，提高煤炭跨区运输能力；强调完善、高效、快捷的电力与煤炭输送骨干网络建设；要统筹各种能源运输方式，优化能源流向，扩大北煤南运、北油南运、西气东输和西电东送规模。强大的投资拉动和"一煤独大"的传统经济发展模式使内蒙古自治区在经济高速增长的同时，经济结构问题日益显现。

（二）内蒙古自治区是北方重要的生态安全屏障

内蒙古自治区特殊的地理位置和气候条件对于国家生态安全至关重要，防风固沙、涵养水源是内蒙古自治区经济可持续发展的必要条件。2010 年的《国务院关于印发全国主体功能区规划的通知》中，全国主体功能区规划将内蒙古自治区部分地区设定为重点生态功能区，如大小兴安岭森林生态功能区、呼伦贝尔草原草甸生态功能区、科尔沁草原生态功能区、浑善达克沙漠化防治生态功能区、阴山北麓草原生态功能区。这些重点生态功能区主要属于水源涵养型和防风固沙型。对于内蒙古自治区生态功能区的开发方向，规定禁止过度放牧，严格控制载畜量，同时加大植树造林、退耕还林、退牧还草力度，禁止不适宜工业落地。这些生态功能区在维护国家整体生态安全的同时，不可避免地面临经济收入短期内减少的困境，从而涉及更多的民生问题，需要政府精准施策，提高当地基本公共服务，提供适当的就业机会，满足其基本的生产生活。

四、内蒙古自治区工业发展的阶段性特征影响经济发展质量的提升

工业化是社会经济发展由农业经济为主过渡到以工业经济为主的发展历程的一个阶段，而衡量一个国家或地区的工业发展阶段有多种理论指标。按照钱纳里的划分标准，如表 6 – 1 所示，把工业经济整个变化过程划分为三个阶段、六个时期。联合国工业发展组织根据工业净产值在国民收入的比重指标，将工业经济发展阶段划分为三个阶段，如表 6 – 2 所示。国内学者胡欣从产业结构特征出发，对经济成长阶段进行划分，如图 6 – 1 所示。根据以上的理论和前面的数据不难看出，内蒙古自治区现处于工业化中期的工业化加速阶段，以重工业为主的产业结构是工业化中期的典型特征。因此，内蒙古自治区以重工业为主的发展阶段是工业化进程中不可逾越的阶段，带来产业结构不合理、工业结构问题突出、经济增长与资源环境矛盾凸显等问题。

表 6 – 1　钱纳里划分的经济发展阶段

时期	人均收入变动范围（美元） 以 1970 年美元计	发展阶段
0	100 ~ 140	初级产品阶段
1	140 ~ 280	
2	280 ~ 560	工业化阶段（初期）
3	560 ~ 1120	工业化阶段（中期）
4	1120 ~ 2100	工业化阶段（后期）
5	2100 ~ 3360	发达经济阶段
6	3360 ~ 5040	

资料来源：钱纳里：《工业化和经济增长的比较研究》，上海三联书店 1989 年版，第 71 页。

表6-2 联合国工业发展组织对工业经济发展阶段的划分

工业经济发展阶段	阶段特征值R工业净产值占国民收入的比重
农业经济阶段	R≤20%
工业初兴阶段	20%＜R＜40%
工业加速阶段	R≥40%

资料来源：姜爱林：《论工业化发展阶段的不同划分方法》，《阜阳师范学院学报》2002年第3期，第10页。

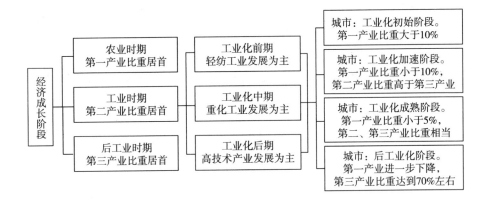

图6-1 三次产业结构与工业化阶段的关系

资料来源：姜爱林：《论工业化发展阶段的不同划分方法》，《阜阳师范学院学报》2002年第3期，第10页。

第七章

提高内蒙古自治区经济发展质量的政策建议

　　内蒙古自治区是边疆民族地区，与全国同步建成全面小康社会的任务艰巨而繁重，面临诸多矛盾交织叠加的严峻挑战，这就要求一定要从实际出发，紧紧围绕全面建成小康社会的目标，深刻认识新时代给内蒙古自治区带来的新机遇，主动适应新时代新的阶段性特征，探索破解新时代下制约内蒙古自治区经济发展质量提升的体制性、机制性矛盾，坚持用"五大发展理念"破解发展难题，切实找准贯彻落实"五大发展理念"的提高内蒙古自治区经济发展质量的政策建议，以新的发展理念引领发展实践、开拓发展境界。

第一节　以创新发展为引领提高创新能力

坚持创新发展，是应对发展环境变化、增强发展动力、把握发展主动权，更好引领经济发展的根本之策。创新发展既要坚持全面系统的观点，又要抓住关键，以重要领域和关键环节的突破带动全局。当前内蒙古自治区创新发展处于薄弱环节，必须把基点放在创新上，通过创新培育发展新动力，塑造更多发挥先发优势的引领型发展。内蒙古自治区"十三五"规划把创新摆在核心位置，坚持实施创新驱动发展战略，推进各领域创新。坚持创新发展，着力提高发展质量和效益，建议从以下几个方面精准施策。

一、坚持创新驱动战略，完善法律制度建设

（一）全面实施创新驱动发展战略

实施创新驱动发展战略，一是要贯彻落实《国家创新驱动发展战略纲要》，"坚持双轮驱动、构建一个体系、推动六大转变"，在全面深化改革工作中促进人才、资本、技术、知识自由流动，企业、科研院所、高等学校协同创新，让创新驱动发展战略真正"落地开花"，实现从"跟跑"转向"并跑"甚至"领跑"。二是贯彻落实《国家科技成果转化法》和《内蒙古自治区科技成果转化条例》，坚持"人才强区"战略，强化创新激励机制，让各类人才通过创新获得更多收益。完善科技成果转化激励机制，完善科技成果、知识产权归属和利益分享机制，完善科技人才职称评价标准和方式，完善企业研发费用加计扣除政策。三是编制《内蒙古自治区科学技术发展规划》，加强创新体系和创新能力建设，坚持问题导向，完善顶层设计和重点部署，形成适应创新驱动发展要求的制度环境和政策法律体系，为实施创新驱动战略保驾护航。

（二）完善法律法规和规章制度建设

加强法律法规和规章制度建设，一是坚持以民为本、立法为民，建立健全法律法规和各项规章制度，积极推进民生领域立法，推动反贫困和基本公共服务法

制化进程。二是加强地方性法规配套制度建设，精准编制内蒙古自治区各领域专项规划，积极编制《内蒙古自治区法治政府建设实施纲要（2015～2020 年)》和《内蒙古自治区推进预算公开工作实施方案》。充分发挥政策法规叠加效应，积极从法制层面消除庸政、懒政、怠政现象，有效应对生产力布局、基本公共服务、环境保护、食品安全、土地确权和草原确权承包等领域存在的突出问题。政府倾向于将有限的资源配置到经济建设领域，资源整合不力，缺钱、缺编、缺物的顽疾没有拔除，监管执法方面依然存在不达"国标"的现象。例如，财政用于教育支出未达到法定增长，不符合相关法律法规要求；食品药品监督管理和妇女儿童工作方面，相关法律法规不健全等。

二、注重理论观念创新

（一）树立正确的发展观和政绩观

创新发展要坚决消除传统经济发展模式对发展观和政绩观的惯性约束，积极探索提高经济发展质量的新路径和驱动力。第一，打破重要素驱动和投资规模驱动、轻创新驱动，重经验决策、轻数据决策的经济发展惯性思维，扭转重生产性支出、轻非生产性支出的惯性力。平衡经济、自然和社会各项事业财政支出的比例；平衡财政生产性支出和非生产性支出的比例；平衡"立竿见影"和"打基础作铺垫"财政支出的比例。彻底改变保基本、补短板、兜底线、惠民生的政府机构缺人、缺钱、缺编的尴尬现状。第二，摆脱单纯依靠刺激政策和政府对经济大规模直接干预的传统经济发展模式，消除传统产业沉淀成本、规模经济和既得利益对内蒙古自治区经济发展路径依赖的负面影响，推动经济发展从"靠煤吃煤"向培育发展多元支柱产业转变。着力推进传统产业新型化、新兴产业规模化、支柱产业多元化，大力解决内蒙古自治区产业结构重型化、资源型产业比重高的产业结构弊端。第三，编制区域重点产业规划，落实主体功能区规划，优化国土空间开发格局，合理调整产业分工，促进产业集中集聚发展，加快产业结构调整。推动低碳循环经济发展，结合"三去一降一补"等重点任务，加快发展壮大非资源型产业、战略性新兴产业和现代服务业。第四，全面深化结构性改革，深入推进供给侧结构性改革，打造供给侧"四大要素"升级版，推动经济发展从要素驱动向创新驱动转变。积极推进需求侧结构性改革，深入推进重点工程建设，打造需求侧"三驾马车"升级版，突出消费对经济增长的拉动作用，引领内蒙古自治区广大农村牧区投资和消费转型升级。

（二）创新政绩考核体系

创新政绩考核体系，一是在建机制上，要坚持问题导向，突出"五大发展理念"，科学设置督导和绩效评估考核体系。重点积极构建目标明确、考核评价标准具体、奖惩制度分明、包容性突出的基层政府绩效评估考核机制。二是在定标准上，新时代下政绩考核体系指标权重的确定需要深入分析目前内蒙古自治区经济面临的紧迫问题及影响可持续发展的突出问题，如产能过剩问题的解决、科技创新的扶持、现代服务业的发展等方面，要有利于解决经济发展中的突出矛盾；要体现经济发展的平衡性、包容性和可持续性；要关注补短板、守底线；要能够行而有效；要加大反贫困和基本公共服务指标的权重。三是在指标设计上，要进一步提高政府绩效评估体系中社会评价的占比，把基本公共服务均等化和公共财政预算民生支出占比等相关数据作为考核的重要内容。在旗县政府的考评指标体系中着重设置民生改善指标，重点围绕民生领域加大权重。四是在抓考核上，要强化离任责任审计，对不作为和妄作为要追究到底。要健全地方政府债务考核问责机制。健全决策问责和纠错制度，在经济发展实践中，不断地归纳、思考和运用，不断提高基本公共服务决策的科学化水平。强化约束性指标考核，加大"三去一降一补"、资源消耗、环境保护、食品药品安全等指标的权重，更加重视科技创新、生态补偿、脱贫攻坚、收入分配、人口均衡发展、社会保障、人民健康状况的考核。

（三）完善政绩考核监督体系

第一，要制定完善第三方对政府绩效和政策调查评估实施办法。政府绩效评估要坚决摒弃"官本位"和"权本位"，树立"民本位"和"责本位"，把民意吸引进政府决策，使第三方评估成为政府工作的常规机制。借社会的"智"和"力"构建政府系统外部自下而上方式的绩效和政策落实调查评估机制，梳理权力清单、责任清单和负面清单，改变政府"自唱自弹""自圆其说"，避免政府系统内部采用自上而下方式的绩效和政策落实，调查评估结果流于形式。

第二，助力政府部门即知即改、自我纠错倒逼机制建立健全。在综合考评分值权重上，进一步增加公众参与的实际权重，进一步促进政府绩效和政策的落实。要科学建立政府绩效和政策调查评估专家库。保证大样本、多层次、多元化，多聆听基层代表、专家的声音，坚决去贵族化。聘请各方面的专家对政府绩效、政策项目和群众关注的热点工作进行评估，进一步提高经济发展决策的科学性。全面推进政务公开工作，增强社会沟通能力。

第三，通过网络走群众路线，建立互联网平台长效社会沟通机制，为群众民主参与和意见表达创造机会。充分结合村村通广播电视和通信工程，为群众提供用得上的信息化设施。充分结合通信管理、资费调整，为群众提供用得起的信息化应用。充分结合政务公开工作，为群众提供用得好的信息化服务，为群众网上表达民意创造便利条件。拓宽民意表达通道，提高社会沟通能力，打通民众受用基本公共服务时的意见反馈通道。全区各级政府各部门的官网主页应设置意见征求专栏，包括县长、市长、主席信箱公布要做到全覆盖。着力打通民意诉求表达的绿色通道，群众反映的事要切实做到事事有回音、件件有落实。彻底消除政府部门的官网主页普遍存在的只能看信息、不能办事情的尴尬现象。充分利用"互联网＋"提供详尽的"公共产品使用说明书"和网上受理平台，尽可能减少群众上门办事，避免"跑冤枉路、排大长队"，提高基本公共服务的供给效率。

三、强化技术创新

（一）坚持强化科技支撑能力，突出重点区域和重点领域科技创新

坚持强化科技支撑能力，突出重点区域和重点领域科技创新，提高全社会科学研究与试验发展（R&D）经费支出占地区生产总值的比重。实施科技重大专项项目创新能力提升工程，聚焦国家发展战略和自治区推动经济高质量发展思路，在有色金属、煤化工、装备制造、清洁能源和绿色农畜产品等领域突破和掌握一批关键核心技术，推进传统产业优化升级。拉动节能环保、生物技术、新材料、云计算与大数据等新兴产业快速发展。

（二）依托"大众创业，万众创新"打造经济增长新引擎

大力推进"大众创业，万众创新"，打造经济增长新引擎。一是"大众创

业，万众创新"要依托"互联网＋"，充分利用大数据。积极扶持大数据孕育出的更多新业态，在苏木乡镇嘎查村建立电子商务平台，鼓励群众和基层专业合作社在线上创业、网上销售相关产品，加大对基层群众手把手帮教力度。二是充分尊重群众的首创精神，切实注重权利公平、规则公正，制定政策法规对知识产权和发明专利进行有效保护。三是充分结合就业优先战略和大中专院校改革，抓好各项就业创业政策落实，鼓励有条件的大中专院校开设创新创业课程。加快发展现代职业教育，扩大培训规模，提高培训质量，提升群众创业就业能力。四是创新就业渠道，加强灵活就业。强化公共服务，建设创业创新平台，搭建好相关论坛交流活动，推广创业孵化服务，鼓励发展众创、众包、众扶、众筹空间模式。五是鼓励金融机构便捷提供小额低息信贷。政府要积极地发挥作用，协同金融机构强化金融产品创新，打通企业融资"最后一公里"。积极推行银企融资对接洽谈，着力解决银企对接渠道单一、信息不畅问题。搭建风险投资机构与中小微企业项目资本融合机制，鼓励风投资本和社会资金投向就业空间大的优质企业。

（三）充分发挥大数据在智慧政府、智慧经济和智慧城市等方面的作用

科学决策要习惯"用数据说话"。一是深度挖掘大数据在智慧政府的应用，推动政府"用数据说话"。大力促进政府各部门间数据共享，解决"信息孤岛"和"数字鸿沟"问题。顺应"互联网＋"发展趋势，着力规划内蒙古自治区经济发展"大数据战略"，推动政府公共数据互联共享。政府决策要依托政府信息系统大数据，习惯用数据说话而非凭经验、想当然、"拍脑袋"。提高政府运用大数据的能力，运用大数据对公共政策评估、反贫困及公共服务绩效管理进行"全数据"分析，使相关部门更多地依赖数据进行决策，以实现"拍脑袋"向"用数据说话"的转变。加强和改进市场监管，积极培育和发展社会化征信服务。二是深度挖掘大数据在智慧经济和智慧城市等方面的应用，构筑经济社会发展新优势和新动能。充分发挥内蒙古自治区云计算数据中心的规模优势和区位优势，充分扩展大数据与经济发展融合的深度和广度。抢抓"互联网＋"行动计划深入实施的机遇，创新运用大数据分析研判经济社会发展趋势及经济增长路径选择，分析研判重点地区及行业的经济运行态势、失业率和可支配收入等状况，提前制订相关计划防微杜渐。金融机构通过分析居民银联卡消费清单中非生活必需品消费的支出情况，研判居民生活质量趋势，从而推断经济发展质量。

第二节　以协调发展为基准解决突出问题

协调是持续健康发展的内在要求，增强协调性才能使经济社会发展行稳致远。内蒙古自治区经济发展要着力增强发展的整体性和协调性，着力推动人口、资源、环境与经济协调发展，城乡区域协调发展，物质文明和精神文明协调发展。《内蒙古自治区"十三五"规划纲要》指出，着力促进城乡、区域经济社会协调发展及各民族共同繁荣发展，提升区域软实力和硬实力，促进城镇化、信息化、新型工业化、农牧业现代化同步发展。坚持协调发展，着力增强发展的整体性，建议从以下几个方面精准施策。

一、协调发展要人口、资源、环境与经济统筹兼顾

（一）充分释放"人口红利"

新时代下要充分释放"人口红利"，相比传统"人口红利"为经济增长提供充足廉价劳动力的发展模式，新"人口红利"应为经济增长提供新的发展机会和发展模式，包括人才红利、消费红利和服务红利。按照"要大力培育支撑中国制造、中国创造的高技能人才队伍"的精神，深度融合四大工业基地建设，充分释放"人才红利"，建立健全人才发展规划，大力弘扬新时期工匠精神，推行终身职业技能培训制度，改革技能人才评价制度和技能人才激励制度，着力为经济发展提供所需技能人才，尤其是高技能专业人才。要深刻理解和把握新常态下经济发展"九大趋势性变化"之一的消费需求变化，充分释放"消费红利和服务红利"，结合供给侧结构性改革和内蒙古自治区人口老龄化趋势，积极引导符合消费需求和产业结构调整的投资，着力优化三次产业结构，大力培育现代服务业，全面提升传统服务业，强化对医疗保健、旅游休闲、老年服务等领域的指导，着力把服务业打造成经济社会可持续发展的新引擎。

（二）充分释放"资源红利"

新时代下要充分释放新"资源红利"。相比传统"资源红利"为经济增长提

供初级产品的发展模式，新"资源红利"应为经济增长提供新的发展机会和发展模式。要深度融合清洁能源输出基地建设，充分释放"能源红利"，建立健全清洁能源发展规划，加快电力外送通道建设，促进清洁能源装备制造本地化。此外，要树立生态红线意识，建立健全生态环境承载能力评估系统，提高资源性行业准入条件。强化项目监管，尤其是高耗能、高污染项目，落实主体责任，健全生态文明建设问责制和终身追究制。依托自治区相关基地建设，推动建立绿色低碳循环发展产业体系。

（三）充分释放"环境红利"

新时代下要充分释放新"环境红利"，要依托气候环境优势，深度融合旅游观光休闲度假基地建设，充分释放"环境红利和文化红利"，深度挖掘"特色景观"和"蒙元文化"，振兴特色旅游和文化旅游产业。此外，气候环境是云计算中心及冬季旅游休闲项目选址的关键因素之一，要紧抓云计算、大数据发展趋势和2022年冬奥会机遇，争取使内蒙古自治区成为全国有重要影响力的云计算中心和冬季休闲旅游中心，进而在智慧政府、智慧经济、智慧城市和冬季休闲旅游经济方面有所突破。

二、协调发展要城乡、区域统筹兼顾

（一）积极推动城乡一体化建设

城乡发展不平衡不协调是内蒙古自治区经济社会发展面临的突出问题，坚决打破城乡二元经济结构壁垒，推进城乡一体化发展，促进公共服务均等化，是内蒙古自治区经济发展质量提升的关键所在。具体来说，要把户籍制度改革与提高城镇化率统筹兼顾起来；要把易地扶贫搬迁工程、劳务输出工程与新型城镇化统筹兼顾起来；要把协调推进城镇化和产业发展转型统筹兼顾起来。城镇化对于促进城乡协调发展、提高城乡居民收入具有特殊重要的意义。城镇化过程中，要不断强化产业支撑，形成双向互动，创造更多就业机会，通过就业机会创造保证异地搬迁、生态搬迁、贫困居民和少数民族人口的可持续生计。

（二）促进区域协调发展

区域协调发展不是平均发展、同构发展，而是优势互补的差别化的协调发展，因此，内蒙古自治区在促进内部区域协调发展时要把生产力布局和县域经济发展统筹兼顾起来。各旗县要科学地进行 SWOT 分析，找出优劣，明细差别。把产业结构调整和脱贫攻坚统筹兼顾起来，坚持"数据决策"，科学配置生产力，合理安排项目资金。生产力布局全区统筹，不能搞"论资排辈"。统筹兼顾更利于集中力量办大事，更利于体现经济发展的平衡性、可持续性和包容性。此外，积极融入"一带一路"建设，挂靠京津冀协同发展，构建开放式的区域开发格局，不断缩小地区发展差距。

三、协调发展要物质文明、精神文明统筹兼顾

（一）加强思想道德建设

精神贫困的存在要求必须加强思想道德建设，着力培育文明道德风尚，改善社会风气，发挥道德模范作用。加强社会主义核心价值观的宣传和教育工作，通过多种渠道、多种方式进一步加强教育引导、舆论宣传、文化熏陶、实践养成、制度保障。全面增强党员干部示范带头作用，在"乡村振兴战略"、新型城镇建设和"美丽家园"新农村建设方面，以创建党员示范岗为引领，充分发挥党员先锋模范作用，努力推进让人民群众看得见、摸得着、感受得到的全面小康建设进程。依托"新农村建设"相关建设项目，发挥阵地作用，推进精神文明建设，破除"等、靠、要"等影响经济发展质量的遗风陋习。增强发展内生动力，在欠发达地区要倡导自力更生、不等不靠的观念，强化自我发展能力。

（二）加强教育科学文化建设

面对人口老龄化和人才培养质量提升双向趋紧的发展态势，教育应放在优先发展的战略位置上，保证教育经费达到法定增长要求。加大基础教育经费统筹力度，资金向贫困地区基础教育倾斜，利用网络化教学资源提高基层教学质量和教学水平。充分发挥职业教育经费主渠道作用，以市场为导向，深入推进职业教育

改革。协调科研院所和国家实验室，打造科技孵化器，促进科技与"大众创业，万众创新"深度融合，以改革创新培育内蒙古自治区经济社会发展新动能。

（三）注重民族优秀传统文化的传承与创新

内蒙古自治区民族文化独具特色，民族文化强区建设需要充分挖掘和利用好民族优秀传统文化。深入推进传统文化的产业化发展，拓展民族文化旅游产业、民族特需商品加工产业、民族文化创意产业等产业模式，大力培育文化企业，建设谋划文化工程项目，推进文化与相关产业融合发展，使文化产业成为内蒙古自治区的支柱产业。要完善文化人才激励机制和扶持政策，促进民族优秀传统文化的传承与发扬，为建设民族文化强区、繁荣群众文化生活、地区文化遗产保护提供人才支撑。

第三节　以绿色发展为契机落实生态保护

绿色发展从本质上讲就是解决人与自然和谐共生的问题，在思想上坚持绿色思维方式，既强调资源总量和强度的双控，也强调整个产业链的绿色化；既包括生态的治理修复，也包括生态保护补偿机制的完善。《内蒙古自治区"十三五"规划纲要》指出，绿色是永续发展的必要条件和人民对美好生活追求的重要体现。建设美丽内蒙古必须把生态文明理念贯穿于经济社会发展全过程和各领域，坚持可持续发展，发展绿色经济，推进绿色转型，形成人与自然和谐发展的现代化建设新格局。坚持绿色发展，着力建设我国北方重要生态安全屏障，建议从以下几个方面精准施策。

一、绿色发展要筑牢生态安全屏障

（一）生态环境治理要作为重大民生事业

生态环境保护要久久为功，切实以对人民群众、对子孙后代高度负责的态度和责任，为人民创造良好生产生活环境。规划主体功能区，形成国土空间开发保护的有效机制，提高人口密集区的环境质量，打破生态环境承载力偏低的旗县产业重型化特征明显、煤炭等资源型产业比重偏高的经济发展路径依赖魔咒，以"三去一降一补"五大任务为抓手，鼓励淘汰高污染、高耗能、高耗水工业企业。

（二）建立健全生态环境保护法律法规体系

要加快建立健全生态环境保护法律法规体系，坚持预防为主、严肃问责。长期以来，内蒙古自治区出台了一系列法规性文件以立法引领生态环境保护，但经济发展中环境污染、草牧场破坏、水体污染等事件时有发生。阿拉善盟腾格里沙漠环境污染问题引起中央领导高度重视，暴露出内蒙古自治区生态环境保护法律法规体系的短板。比起事后追责，事前监管和监督更加重要，也更为有效。事前监管和监督必须坚持抓早、抓细、抓实。对事前监管和监督有法不依、执法不严、徇私枉法的要严肃问责、依法惩治。

（三）加强环境保护和生态修复

加强环境保护和生态修复是环境质量提升的有效途径，在加大保护力度的同时，要把自然恢复作为主要依托。同时强化组织领导，加快顶层设计引导底层创新，借鉴内蒙古自治区食品药品监督管理局筹建模式，探索建立全区国土空间统一保护机制，对山水林田湖进行统一管理、统一监督和统一修复。以解决损害群众健康的突出环境问题为重点，实施内蒙古自治区生态修复工程，增强生态产品生产能力，切实做好草牧场确权、保护工作和湖泊湿地环境保护与生态修复。实施内蒙古自治区生态修复工程的同时，着力加强环境保护基础设施建设和环境监管能力提升，进一步加强人防技防力度，加强与毗邻省区沟通，协调治理生态环境污染问题，谋局联合监测，实行全流域治理，让呼伦湖补水引来污染成为历史。

（四）生态补偿要政府主导和市场机制相结合

生态补偿要坚持政府主导和市场机制两手抓，两手都要硬。在深化环境保护行政管理体制改革中引入市场机制，建立排污权交易制度，健全用水、排污、用能、碳排放等权利的初始分配制度，推动形成生态补偿的市场化机制，探索多领域生态补偿和共建共享机制，扶持环境治理和生态保护市场主体，让拥有科技优势和创新能力的市场主体优先受益，加强培育、引导、规范环境治理和生态保护产业。在维护市场经济秩序实践中秉持政府主导，着力解决市场经济条件下环境保护滞后问题，探索加强生态补偿纵向财政转移支付、地方同级政府间的横向财政转移支付，实行环境污染治理成本内部化，征收生态环境补偿费。

二、绿色发展要紧抓绿色机遇

（一）绿色发展要树立绿色GDP文化

绿色GDP要求把绿色发展、循环发展、低碳发展作为经济发展的基本途径，能够反映经济发展水平，体现人口、资源、环境与经济和谐统一的程度。追求绿色GDP，发展高效生态经济，其根本目的是促进经济发展和社会进步，提高人民群众的生活质量和生活水平。同时，绿色GDP核算有利于真实衡量和评价经济增长活动的真实效果，克服单纯追求经济增长速度的弊端，有利于促进经济增长方式的转变。树立绿色GDP文化有利于树立生态红线意识、生态政绩观和绿色发展观，通过观念的改变强化行动意识，把绿色GDP文化作为建设生态文明、维护生态安全的主要抓手，为调整经济结构和转变发展方式保驾护航。

（二）绿色发展要加快推进生产方式和生活方式绿色化

生产方式绿色化要求构建科技含量高、资源消耗低、环境污染少的产业结构和生产方式，积极推动节能减排，优化能源结构。内蒙古自治区"一煤独大"的产业结构现状必须尽早转变，大力构建多元化绿色产业体系，推进节能减排的有效落实。生活方式绿色化要求群众生活方式和消费模式向勤俭节约、绿色低碳、文明健康的方向转变，阶梯电价、水价和废物有偿回收利用的落实及完善有助于生活方式绿色化。绿色发展要向环保要经济，以市场为导向、以传统产业经济为基础，以经济与环境和谐发展为目标，探寻内蒙古自治区主要产业的环保经济发展模式。

（三）绿色发展要助力生态优势转化为产业优势

生态工业、生态旅游、生态农业属于绿色产业，生态环境改善可以有效提升绿色产业的竞争力，让农牧民依托青山绿水致富增收。把内蒙古自治区"建成绿色农畜产品生产加工输出基地，建成体现草原文化、独具北疆特色的旅游观光、休闲度假基地，建成我国北方重要的生态安全屏障"，赋予了新时代下内蒙古自治区经济绿色发展新的内涵。内蒙古自治区各盟市、中心镇周边游、短途游、生态旅游、生态农业已见端倪，接下来认定、注册、保护、宣传、开发好相关驰名商标目录和地理标志品牌名录，推广好各星级旅游景区、房车营地、农家乐和牧家游势在必行。

第四节　以开放发展为两翼坚持内外协调

开放发展是我国的基本国策，坚持推进对内对外双向开放，内外资源高效配置，市场深度融合，引资、引技、引智并举，才能提高对外开放的质量和水平。《内蒙古自治区"十三五"规划纲要》指出，开放是繁荣发展的必由之路，要更好地运用两种资源、两个市场，提高开放型经济发展水平。坚持开放发展，着力提高开放型经济水平，建议从以下几个方面精准施策。

一、开放发展对内要坚持拓宽、加深

（一）加强开放型经济的环境建设

贯彻落实《内蒙古自治区关于构建开放型经济新体制的实施意见》，营造公开透明的法律政策环境、高效的行政环境、平等竞争的市场环境，为开放提供法治保障。要充分发挥市场在资源配置中的基础作用和主导作用，促进资源在不同地区、不同产业间的合理流动与优化配置，促进竞争机制高效运行，遏制各种垄断和不公平竞争现象。

（二）构建新型政商关系

构建新型政商关系，促进非公经济健康发展。企业在营运过程中，杜绝"关门打狗"和"雁过拔毛"，严厉打击"权力寻租"和"利益输送"，要去企业成本，更要去腐败成本。政府在提供公共服务的过程中，要构建广泛的经济发展利益共同体，优化商业环境，营造良好氛围，促进非公经济健康发展。

（三）强化区域分工协作

以深化国内区域分工协作为重点，依托毗邻八省的区位优势，坚持贯彻落实自治区推动经济高质量发展思路，深度融合"一带一路"、京津冀协同发展和长江经济带战略，抢抓国家宏观调控利好机遇，主动承接北京非首都功能转移，推进蒙东地区与京津冀经济区融合发展，进一步完善与东北三省的合作机制，全力打造新的经济增长极。

二、开放发展对外要坚持互利共赢、多元平衡

（一）坚持投资"引进来"和"走出去"

一是要"引进来"，抓住《外商投资产业指导目录（2015 年修订）》大幅减少限制类条目，放宽外资准入领域的机遇。加紧编制《内蒙古自治区限制开发区域限制类和禁止类产业指导目录（2016 年）》，积极引导外资投向。结合自治区调结构、转方式、促发展以及节能减排规划，鼓励外商投资研发环节、先进制造业、现代服务业和节能环保产业。健全外商投资监管体系，修订外商投资相关制度，加大知识产权保护力度，依法保障外商投资企业合法权益。二是要"走出去"，积极在国外投资，推进国际产能和装备制造业合作。全面实行"负面清单"制度，加强对"走出去"的宏观指导和服务，提供对外投资精准信息，简化对外投资审批程序，为更多内蒙古自治区企业"走出去"创造条件。加强与蒙古国和俄罗斯多领域互利共赢的务实合作，推动内蒙古自治区资本"走出去"与世界市场更深层次地融合互动。

（二）依托国家战略部署提升沿边开放质量

一是探索沿边开放新模式，提高沿边开放水平。依托二连浩特和满洲里重点开发开放试验区，以边境经济合作为突破口，积极筹建中蒙、中俄跨境经济合作区，开创口岸经济发展新局面，打造向北开放的桥头堡，夯实向北开放战略的重要支点。二是依托联通俄蒙的区位优势，深度融合"一带一路"倡议，大力推进"中蒙俄经济走廊"建设，积极对接蒙古国"草原之路"和俄罗斯欧亚经济

联盟。要帮助有关沿线国家开展本国和区域间交通、电力、通信等基础设施规划，积极推进基础设施互联互通和国际大通道建设，提出一批能够照顾双边、多边利益的项目清单。坚决谋求稀土的话语权和定价权，扩大国际合作与交流，在稀土贸易中争做国际经贸规则的参与者和引领者。

第五节　以共享发展为旨归实现共同富裕

共享发展是人人享有、各得其所的全民共享，是涵盖各方面建设成果的全面共享，是人人参与、人人尽力的共建共享。《内蒙古自治区"十三五"规划纲要》指出，共享是中国特色社会主义的本质要求。坚持共同富裕，注重发展包容性，增强发展动力，使各族人民广泛参与发展过程，充分分享发展成果，在共建共享发展中有更多的获得感。坚持共享发展，着力增进人民福祉，建议从以下几个方面精准施策。

一、共享发展要决胜脱贫攻坚

（一）脱贫攻坚理念要精准

一是积极推动反贫困地方性法规出台，为进一步深化分配制度改革、践行共同富裕承诺提供法律保障。辩证唯物主义和历史唯物主义是看待事物的重要理论依据，新时代下精准扶贫、打响脱贫攻坚战、提高内蒙古自治区经济发展质量必须辩证地、历史地看问题。贯彻"让一部分人先富起来"的政策，使"先富群体"和"先富地区"在一段时间内优先享有政策利好、生产要素红利等。那么，"贫困群体"和"贫困地区"在当前精准扶贫的历史阶段内优先享有政策利好、生产要素红利，则是公平力量的历史体现。"贫困群体"和"贫困地区"有权优先获得发展条件，优先享有致富机会。目前，积极探索改革分配制度，就是为了践行"共同富裕"的历史承诺，提高社会包容性，解决社会公平问题，实现共享发展。决胜脱贫攻坚，实现遵循社会规律的包容性发展，其要义就是做出更有效的制度安排，使全体人民在共建共享发展中有更多获得感，进一步增强经济发展内生动力。积极推动反贫困法出台，将"贫困群体"和"贫困地区"以至

"后富群体"和"后富地区"的优先发展权、优先受偿权以法律形式固化，为进一步深化分配制度改革，使贫困群体、相对贫困群体和后富群体全面脱贫、共同富裕提供法律保障。

二是制定并公布各级政府脱贫攻坚权力清单、责任清单。"法无授权不可为，法定职责必须为"。制定并公布各级政府脱贫攻坚权力清单、责任清单，坚决纠正不作为、乱作为，坚决克服懒政、怠政，坚决惩处失职、渎职，切实做到"法无授权不可为、法定职责必须为"。法治政府权责统一的核心是通过强化责任追究、监督制约行政权力，保障行政权力在法治轨道上运行。

（二）脱贫攻坚要聚焦"以人为本"

一是进一步加强贫困户精准识别和反贫困政策的综合绩效评估等工作落实，建立健全基本公共服务均等化及脱贫攻坚横向转移支付统筹资金，加大横向转移支付力度。基本公共服务中最基础、最核心的项目由公共财政统一标准、托底保障。贫困识别和帮扶要"以人为本"。借助驻村帮扶和"三到村三到户"工作，对贫困群体建档立卡，合理划定内蒙古自治区绝对和相对贫困线，识别出绝对贫困和相对贫困群体。对绝对贫困群体的扶贫，要体现"兜底"和"手把手"帮扶。对相对贫困群体的扶贫，要体现"利益补偿"和"帮衬帮扶"。发放绝对贫困社会福利卡和相对贫困社会福利卡。持绝对贫困社会福利卡的群体享有基本公共服务零缴费，旨在降低其生活负担，增强其获得感，方便其劳务输出和创业，诸如社保缴费个人零缴费、公共交通零缴费、"三网"通信零缴费、水电零缴费、义务和职业教育零缴费、公园景区非商业性演出零缴费等。持相对贫困社会福利卡的群体，享有上述基本公共服务时低比例缴费。

二是沟通交流要"以人为本"。健全社会利益协调机制，广泛听取不同方面、不同阶层群众的利益诉求，积极协调各阶层群众利益；为贫困人口的民主参与和意见表达创造机会，切实保证各级人代会基层代表比例和名额，对挤占、冒充要问责；切实落实村民议事制度、工会集体协商制度等；适时召开有贫困群体参与的反贫困绩效听证会，建立健全反贫困绩效听证制度。充分利用"互联网+"，拓宽民意表达通道，各级扶贫办官网主页要设立反贫困意见征求专栏，并公布县长、市长、主席信箱，构建民意表达的绿色通道，针对群众反映的问题，力求做到事事有回音、件件有落实。

三是精神扶贫要"以人为本"。依托乡村文化室建设工程，为精神扶贫筑牢阵地。精神扶贫一方面要满足广大农民群众的精神文化需求，另一方面要"扶懒"脱贫，纠正不良风气。文化室建设工程要与农村精神文明建设有机结合，阵地建设与思想工作两手抓。要结合本地特点，满足广大农民群众的精神文化，推进农村文化活动的深入开展。大力挖掘农村文化资源，采取"走出去"与"请进来"相结合的办法，举办各类文体培训班，不断优化人才发展环境，促使一批有特长的文化人才脱颖而出。

（三）脱贫攻坚要做好精准扶贫工程

一是精准做好易地扶贫搬迁工程。易地扶贫搬迁，是为贫困村"拔穷根"的一项从根本上帮助农村贫困群众脱贫致富的综合性工程，是新一轮脱贫攻坚的标志性工程，其突出特点是可以实现"输血"与"造血"、外部支持与内在动力的统一；其基本要求是"理顺机制、明晰目标、守住底线、确保脱贫"；其核心是尊重群众意愿，注重因地制宜，搞好科学规划；其要义是搬迁一户，脱贫一户。坚持搬迁和发展"两手抓"，确保搬迁群众生活有改善、发展有前景。易地扶贫搬迁中基本公共服务均等化必须先行一步，着力增加适应居民需求的公共产品和公共服务供给。同时，要与新农村建设、新型城镇化建设、房地产去库存以及保障性住房建设有机结合起来，科学规划撤村建居、撤村建镇。此外，易地扶贫搬迁是民心工程，要切实打通群众利益诉求通道，注重易地扶贫搬迁中利益协调机制的建立健全，真正做到惠民生、暖民心。

二是精准做好劳务输出工程。劳务经济是脱贫攻坚最快捷、最有效的抓手之一，有劳动能力的贫困群众可以通过异地就业使其尽快脱贫致富。因此，劳务输转工程也是改善内蒙古自治区贫困地区贫困群体生活的重要途径。要彻底打破"二元"结构，消除阻碍劳动力流动的因素，把贫困地区劳动力转移就业作为增加贫困群体收入、推动贫困地区经济发展的重要措施。通过劳务输转使更多贫困群体增加工资性收入比重，改善生活生产条件。面对贫困群体收入渠道少、增收困难的实际，积极搭建就业服务平台，支持用人企业在贫困地区建立劳务培训基地，开展好订单定向培训，建立和完善输出地与输入地劳务对接机制；加大劳务输出培训投入，统筹使用各类培训资源，以就业为导向，提高培训的针对性和有效性；努力增强贫困地区劳动力的技能素质和市场竞争能力。劳务输出地区应该为那些或长期、或短期、或周期性不方便外出务工的贫困群体提供足够数量的公益性岗位。同时，要进一步做好"993861 部队"的后勤保障工作，政府有责任切实消除劳务输出带来的负面社会影响。

（四）脱贫攻坚要在政策落实上精准发力

运用社会经济政策保基本、托底线，加强政策研究，完善制度供给，就业、教育、医疗卫生、社会保障、收入分配、社会帮扶、产业扶贫和金融扶贫等公共政策组合拳出击，精准发力。

一是教育扶贫政策精准发力。教育是发展的基石，发展是脱贫的希望。贫困是物质的贫乏，但归根结底是知识和技能的缺乏。各级政府，尤其是贫困地区政府要以历史的责任感认真贯彻中央精神，确保财政教育经费增长达到法定要求，贫困地区财政更要充分体现教育优先保障理念，加大人力、物力、财力的投入力度，促进学校基础设施建设、学生资助体系、教师队伍建设、民族教育的跨越式发展。义务教育是法定要求，切实保障贫困地区义务教育普及，必要时要采取超常规政策举措，精准聚焦贫困地区的每一所学校、每一名教师、每一个家庭、每一个孩子，启动实施教育扶贫全覆盖行动。职业教育是最精准的扶贫，促进职业技能提升和贫困户教育培训相结合，引导企业扶贫与职业教育相结合，鼓励职业院校对招收贫困家庭子女给予政策优惠，确保贫困户家庭成员掌握至少一门致富技能，实现靠技能脱贫。认真实施好大中专院校对农村牧区贫困地区定向招生专项计划，科学安排课程，进一步提高毕业生就业率，增强就业稳定性。鼓励企业吸纳贫困人口就业，采取定向教育培训，提高定向人员技能水平，增强培训的针对性和有效性。重点对不在低保范围内的建档立卡贫困户子女接受中高等职业教育给予资助。

二是医疗卫生扶贫政策精准发力。贫困地区医疗卫生长期受当地经济发展的影响，普遍存在基础薄弱、人员匮乏、功能不全、服务滞后的现象，贫困群体长期面临着看病难、看病贵的问题。推动医疗卫生扶贫政策精准发力，具体要做好以下三个方面：首先，推动贫困地区基本公共服务均等化。明确旗县、苏木乡镇、嘎查行政村三级卫生医疗机构的公益定位，满足人民群众基本医疗服务需求。进一步加强旗县、苏木乡镇、嘎查行政村三级卫生医疗机构建设，上下联动，辐射周边农牧区。深化旗县公立医院综合改革，切实增强旗县公立医院为县域居民提供基本医疗服务、推广应用适宜医疗技术、为农村基层医疗卫生机构人员提供培训和技术指导、承担部分公共卫生服务以及自然灾害和突发公共卫生事件医疗救治等工作的能力，并加大医疗卫生流动服务车投入。筑巢引凤，加强人才储备和建设，做好常见病、多发病诊疗，危急重症病人救治，降低患者进盟市就医的比例。在贫困地区率先开展苏木乡镇卫生院体制改革。不断加大对乡镇卫生院投入和建设，扩卫生院为医院；不断加大乡镇卫生院医疗技术水平、医生职业能力和医德医风建设力度，进一步提高治愈率，让患者放心、安心就诊、就近就诊；不断提高医疗卫生专家和专业技术人员的福利待遇，帮助乡镇卫生院留住人才、培养人才，更好地为农村群众服务。其次，推动医疗卫生工作重心下移、医疗卫生资源下沉。为贫困地区贫困群体精准建立医疗卫生档案。以基本公共卫生服务信息和贫困村建档立卡数据为基础，实行边开展健康查体摸排因病致贫人员，边登记造册建档，实行动态管理，建立完善贫困人口健康档案信息。以旗县人民医院为主，苏木乡镇卫生院为辅，定期抽调相关医疗卫生专家和技术骨干，组建医疗服务队，深入县辖贫困村为贫困群体开展健康查体和集中诊治工作，进一步解决贫困群体不能就地、就近、及时、有效得到疾病诊治的问题。最后，为群众提供方便价廉、安全有效的基本医疗卫生服务。最低成本的医疗卫生是预防，依托标准化卫生室阵地，充分发挥健康知识宣传，发放慢性病常见病防治知识科普资料，提供耐心咨询解释服务，对疾病患者饮食起居进行健康行为指导，初步建立基础保健。充分发挥农村牧区常住人口养老、医疗、低保等社会保障工程的作用，进一步实施健康扶贫工程，即时推进贫困地区医疗卫生机构考核评审和监督机制改革。加大对建档立卡贫困户新农合、大病保险制度政策倾斜，提高报销比例。贫困地区医疗机构应率先开通"医疗扶贫绿色通道"，实行"先治病后结算"办法，真正解决贫困群体看不起病和吃不起药、小病不治和大病拖延、因病致贫和因病返贫等问题。

三是就业扶贫政策精准发力。坚持就业优先战略，实施更加积极的就业政策，完善创业扶持政策。首先，坚持就业优先战略，就是要把促进就业放在内蒙古自治区提高经济发展质量的优先位置，更加注重选择有利于扩大就业的产业和重大项目建设。加强对灵活就业、新就业形态的支持，发展分享经济，推动"大众创业，万众创新"，为贫困人口创造更多的就业创业机会。人力资本是贫困群体最大的资产，要切实加强对贫困群体就业的扶持，对贫困群体就业的扶持旨在扩大他们的就业机会，既包括长期、持续的正规就业，也包括暂时、短期、灵活的非正规就业，还包括连片贫困地区剩余劳动力的转移就业。要健全对就业困难人员援助制度长效机制，真正消除"零就业家庭"现象，有针对性地开展职业技能培训，及时有效地提供公共服务就业岗位。其次，实施更加积极的就业政策，充分发挥其在宏观经济政策方面促进就业的作用。加大公共财政对促进就业的资金投入，切实增强失业保险对促进就业的作用，建立公共投资和重大项目带动就业的评估机制，充分发挥小微企业扩大就业的主渠道作用。要增强失业保险对促进就业的作用，进一步完善失业保险预防失业、促进就业的政策体系，构建稳定就业的长效机制。着力做好贫困地区的贫困家庭高校毕业生就业工作，涉及贫困地区的公务员及事业单位招考中，拿出一定比例的岗位定向招考当地贫困地区贫困家庭高校毕业生，这样既能带动贫困家庭整体脱贫，也能进一步减少贫困地区的人才流失。着力做好贫困地区剩余劳动力的转移就业工作。内蒙古自治区贫困群体几乎都集中在农牧业部门，而同时农牧业部门的劳动生产率非常低下，解决贫困地区剩余劳动力的转移就业工作成为内蒙古自治区连片贫困地区反贫困战略的重要措施。发挥市场机制在人力资源配置中的基础性作用，尊重劳动者在就业中的主体地位和自主选择就业的意愿。取消对转移就业工作有负面影响甚至是歧视性的做法，引导贫困地区剩余劳动力有序进城就业；健全相应的法规和保障措施免除他们的后顾之忧，尤其是土地确权、土地流转、子女进城就学、社会保障、公租房方面，并且完善职业培训、就业服务、劳动维权"三位一体"工作机制。着力做好贫困地区贫困群体就地就业工作，支持返乡创业。在公益性岗位的安排方面，优先安排贫困群体。同时，进一步健全人力资源市场和就业服务体系，加强对贫困群体职业技能培训。充分发挥村村通广播电视和通信工程的作用，探索建立内蒙古自治区反贫困就业信息网络平台。最后，完善创业扶持政策，就是使每个创业者特别是后富群体创业者拥有低成本的发展机会和弯道超车的社会上升通道。紧紧抓住分享经济时代的消费红利，大力扶持"大众创业，万众创新"，落实财税和金融扶持政策，加强创业培训和服务，引导创业者通过分享协作方式搞创业，走出一条门槛更低、成本更小、速度更快的众人创富、劳动致富之路。此外，完善创业扶持政策也是收入分配模式创新和促进社会公平的有效途径，要注重形成"扁平化"的合理分配格局，是名副其实的富民之道、强区之举。

　　四是社会保障扶贫政策精准发力。社会保障成熟运行的社会机制有如下特点：有章可循、群体普惠、遇困救济、法定给付。所以，社会保障扶贫是一种成规范的、长效的、可预期的机制。社保基金要开源纳财，将作秀式、运动式、临时性的访贫问苦、扶贫帮困财政支出纳入社会保障基金，避免"撒胡椒面"式的扶贫。保证社保基金安全，严打挥霍、挪用、截留、寻租或作秀行为，杜绝将社保资金用于有回报的生产性项目建设，让社保基金真正成为"高压线"，防止公共财政和有限扶贫资源被挪用。贫困地区率先降低社会保险费率，既减轻了企业负担，又增加了参保人员的实际收入。贫困群体参保人员全覆盖、社保项目全覆盖，改革完善社会保障制度，实施全民参保计划，基本实现法定人员全覆盖。要高度重视连片贫困地区社会保障扶贫工作。充分发挥农村牧区常住人口养老医疗和低保等社会保障工程的作用，全面涵盖社会医疗、就业、教育、住房、养老、低保、大病等基本民生内容。要充分发挥医疗保险和医疗救助在因病致贫方面的作用，落实贫困人口大病医疗保险和新型农村合作医疗政策。进一步扩大低保范围，将更多困难群众纳入低保户中。旗县实际低保户调整工作中，要实事求是，尤其是对患有精神疾病的贫困人口，不能一味套低保公式，纸上算其年收入，盲目取消其低保待遇，从而避免实际贫困人员"纸上脱贫"。进一步提高集中供养满足率。对于无劳动能力、无收入来源、无法定赡养的在扶贫线和低保线以下的人，提供集中供养保证其基本生活。健全特困人员供养金自然增长机制，加大地方财政投入，加强特困人员供养服务设施建设，提高集中供养水平。

　　五是收入分配扶贫政策精准发力。深化收入分配制度改革，让人民共享经济发展成果。《"十三五"规划建议》强调要缩小收入差距，坚持居民收入增长和经济增长同步、劳动报酬率提高和劳动生产率提高同步。贫困地区要缩小收入差距，坚持"两个同步"，要用足用好以税收、社会保障、转移支付为主要手段的再分配调节机制。工资调整和工资改革要适度超前，着重增加低收入者收入，努力缩小城乡、区域收入分配差距。贫困地区的农村牧区要积极引导并支持农牧民以土地经营权和劳务入股合作社或企业，提高土地配置和利用效益，并使农牧民在二次分配中受益。贫困地区的城镇国有集体经济要健全科学的工资水平决定机制、正常增长机制，将"两个同步"纳入绩效考核。贫困地区的私营和外资企业初次分配要兼顾效率和公平，提高按劳所得的比重，不能一味迁就按生产要素分配。地方政府不能只见 GDP、财政收入，不见资本所得挤占劳动所得的现象。

六是产业扶贫政策精准发力。产业扶贫是指以市场为导向、以经济效益为中心、以产业发展为杠杆的扶贫开发过程，是促进贫困地区发展、增加贫困农户收入的有效途径，是扶贫开发的战略重点和主要任务。产业扶贫可以使当地的贫困人群由"输血型"向"造血型"转变。习近平总书记指出要把帮助贫困农户发展生产作为扶贫工作重点办好的三件实事之一。要明确产业扶贫不完全等同于产业发展，它是以产业为基础，以扶贫为目的，避免出现"扶富不扶贫"的现象，项目选取、资金安排要向贫困群体倾斜。要围绕项目、资金、技术、产业链、原产地保护、利益协调做好产业精准扶贫。经济组织培育特色产业项目，依托市场和有利政策带领贫困群体脱贫致富。其中，政府应鼓励金融机构对关键节点提供资金支持；鼓励农牧业综合服务站及科研院所提供技术支持和培训；加大产业扶贫项目产业链延伸支持力度；建立健全原产地证书申请机制，保护原产地申请；进一步做好贫困群体与经济组织的利益联结和利益协调工作。要建立审计制度，组成有项目区贫困农户代表参与的监事会，对产业扶贫项目投资、经营、收益进行全程监控，并聘请第三方机构进行审计。

（五）脱贫攻坚要聚力社会扶贫

一是注册登记、科学管理、精心优选有口碑、品牌好、服务质量优、执行力强的社会扶贫帮困组织和慈善机构。信誉是社会扶贫帮困和慈善机构的生命，要重视"宁捐馒头不捐钱"的社会心态，要强化监督、审计、问责机制，坚决取缔公信力差的机构和社会组织。

二是加速构建政府部门救助资源、社会组织救助项目与特困户救助需求相衔接的帮扶信息平台。归集、统筹使用各单位的扶贫、救助资金。鼓励全民帮扶贫困家庭实现"微愿望"；鼓励社会组织、企事业单位、爱心人士开展脱贫帮扶和慈善救助；鼓励村里村外的邻里帮扶、爱心结对帮扶；鼓励乡里乡亲的能人帮扶和大户帮扶。

二、共享发展要提高基本公共服务共建能力和共享水平

（一）提高基本公共服务共建能力和共享水平总体策略要进一步精准

一是推动基本公共服务法制化。认真贯彻中央政策精神，建立健全相关法律

制度，丰富和完善内蒙古自治区基本公共服务体系，精准编制内蒙古自治区基本公共服务体系"十三五"规划，加快公共财政支出的结构调整，财政资金应逐步退出一般竞争性领域，财政用于基本公共服务支出严格落实法定增长要求，进一步扩大基本公共服务有效供给。

二是推动基本公共服务均等化。政府提供公共服务应将均等化放在首位。以新型城镇化建设为抓手，消除基本公共服务均等化滞后因素，清理不利于实现惠及全体人民的基本公共服务均等化目标的规章制度及做法。进一步加强城镇和农村基本公共服务并轨，增强对财力薄弱旗县的财政转移支付规模和力度，以实现自治区内整体的均衡，精准配置基本公共服务资源，基本公共服务重心下移、资源下沉。

三是推动基本公共服务标准化。紧紧围绕全面建成小康社会目标，建立覆盖生命周期、内涵丰富、结构合理的基本公共服务体系，明晰基本公共服务提供及受用权责，制定基本公共产品使用说明书，指导民众受用基本公共产品。同时，加强基本公共服务信息化建设，真正做到互联互通、数据共享，加快实施基本公共服务信息惠民工程。消除基本公共服务提供者与受用者之间的信息阻滞，打通民众受用基本公共服务时的意见反馈通道，建立健全决策问责和纠错制度，不断提高基本公共服务决策的科学化水平，切实提高民众在基本公共服务改革中的参与度。

四是坚持基本公共产品的公益性发展方向，增加基本公共产品多样性供给。公共产品生产和供给的方式有三种，包括公共生产公共提供、私人生产公共提供和公共生产混合提供。进一步强调政府引导、市场驱动，在坚持公共产品的公益性发展方向的基础上，发挥市场在资源配置中的基础性作用，增加基本公共产品多样性供给，为民众提供安全、有效、方便、价廉的基本公共服务。

（二）提高基本公共服务关键项目共建能力和共享水平要进一步提高

一是教育要优先发展。把教育摆在优先发展的战略地位，切实保证经济社会发展规划优先安排教育发展，财政资金优先保障教育投入，公共资源优先满足教育和人力资源开发需要。严格按照法律法规规定，确保财政支出用于教育比例达到法定增长要求。坚持民族因素和区域因素相结合，促进教育公平，平衡发展城乡、区域教育，缩小发展差距。坚持普特政策并举，突出重点，支持教育基础薄弱地区教育快速发展。对贫困地区、民族地区教育投入加大统筹力度，贫困地区、民族地区教育投入不应低于自治区平均水平。坚持教育的公益性和普惠性，有效缓解义务教育"择校热"，提高农村义务教育家庭经济困难寄宿生补助标准。加快发展民族教育，实现基本公共教育服务均等化。构建体系完备的终身教育，建设"人人皆学、处处能学、时时可学"的学习型社会，全面实施人力资源强区战略。切实做到"学历教育和非学历教育协调发展、职业教育和普通教育相互沟通、职前教育和职后教育有效衔接"，积极构建网络化、数字化、个性化、终身化的教育体系。优化教育结构和布局，提供更加丰富的优质教育。深化教育改革，提高教育开放水平，鼓励社会力量兴办教育。科学配置资源，提高教育质量和新增劳动力受教育年限，办出具有内蒙古自治区特色、全国先进水平的现代教育，切实服务好自治区高质量发展思路和"一带一路"建设。

二是基本医疗卫生服务人人享有。基本医疗卫生制度是公共产品，有效提供公共产品是政府的职责，应坚持并维护好基本医疗卫生制度的公益性发展方向，认真贯彻落实《全国医疗卫生服务体系规划纲要（2015～2020年)》，切实履行政府办医责任。医疗、医保、医药三医联动。持续提升奠定坚实的医疗卫生资源基础，优先保障基本医疗卫生服务的可及性，破解基本公共医疗卫生服务均等化相对滞后的顽疾，促进公平公正。进一步加大医改资金投入力度，落实各项卫生投入政策，提高基本公共医疗卫生服务效率和水平，努力实现公平与效率的统一。精准配置医疗卫生资源，以健康需求和解决人民群众主要健康问题为导向，抓住薄弱环节补齐工作短板。有效遏制医药费用过快上涨的势头。统筹建立全面覆盖城乡居民的一体化基本医疗卫生制度，进一步提高基本公共医疗卫生服务的包容性。完善全民医保体系，做好基本医保、城乡居民大病保险、医疗救助和疾病应急救助等制度的衔接，形成政策合力。建立健全重特大疾病保障机制。加快发展商业健康保险。巩固完善基本药物制度，规范药品流通秩序，严厉打击药品疫苗非法流通。认真完善取消以药补医、取消药品加成机制。自治区、盟市、旗县办医院与基层医疗卫生机构上下联动，以调整布局结构、优化医疗卫生资源配置为目标，科学合理确定各级各类医疗卫生机构的数量、规模及布局。统筹城乡、区域资源配置，注重发挥医疗卫生服务体系的整体功能，促进均衡发展。统筹不同区域、类型、层级的医疗卫生资源的数量和布局，分类制定配置标准。自治区、盟市、旗县办医院与基层医疗卫生机构要分工明确、密切协作、上下联动。全面深化公立医院改革，突出抓好县级公立医院综合改革。推动医疗卫生工作重心下移、医疗卫生资源下沉，努力提高县域医疗体系服务能力，为群众提供安全有效、方便价廉的公共卫生和基本医疗服务，使人民群众在自治区经济发展中得实惠，有更多获得感。公立医院与社会办医院两翼联动。公立医院与社会办医院是一体之两翼。要注重发挥市场机制在配置资源方面的作用，有序放宽社会力量办医准入门槛，充分调动社会力量的积极性和创造性，满足人民群众多层次、多元化医疗卫生服务需求。切实落实政府在制度、规划、筹资、服务、监管等方面的责任，加强监督管理。公立医院与社会办医院要功能互补、目标明确，提高专业公共卫生机构的服务能力和水平，避免低水平重复建设，为人民健康水平持续提升奠定坚实的医疗卫生资源基础。

三是社会保障全民共享。统筹城乡社会保障一体化。从城乡二元、低水平低层次的社会保障现状，向城乡一体、全民共享的包容性社会保障方向努力。从企业负担重、职工缴费高的社会保障现状，向"让企业多减轻一点负担，让职工多拿一点现金"的包容性社会保障方向努力。抓重点、促落实、创实绩，全力抓好医疗和养老两大重点范畴，全面深化社会保障制度改革。养老和医疗与群众生活密切相关，现阶段强化重点范畴，有利于实现基本的生活保障，满足群众基本的生活需求。丰富社会保险基金收入来源渠道，探索国有资本划转充实社会保障基金的可行机制。要拓宽社会保险基金投资渠道，推进基金市场化、多元化、专业化的投资运营。逐步提高国有资本收益上缴公共财政比例，更多用于保障和改善民生，落实划转部分国有资本充实社保基金。引导商业保险开展相关业务。社会保障事业公益性强，应积极探索商业养老保险新模式，满足多样化的社会需求，鼓励职工参加个人储蓄性养老保险，推动建立多层次的养老保险体系。

第八章

"一带一路"倡议下内蒙古自治区经济高质量发展展望

内蒙古自治区是"一带一路"陆路通道的重要节点，国家"一带一路"倡议的实施为内蒙古自治区经济高质量发展带来了全新的机遇。积极融入"一带一路"建设，扩大延伸与"一带一路"沿线国家的贸易广度和深度，对于内蒙古自治区内部经济发展质量提升有着深远的意义。

第一节 "一带一路"沿线国家经济发展概况

内蒙古自治区位于北部边疆，资源储量丰富，有"东林西矿、南农北牧"之称，草原、森林和人均耕地面积居全国第一，稀土金属储量居世界首位，同时也是中国最大的草原牧区。内蒙古自治区边境口岸众多，与蒙古国和俄罗斯接壤，中蒙边境线长达 4710 千米，中俄边境线长达 4330 千米。近几年来，中俄、中蒙经贸关系日益密切，进一步推动了中俄蒙经济走廊建设的发展。

一、蒙古国经济发展概况

蒙古国长期实行计划经济，1991 年开始向市场经济过渡，20 世纪 90 年代之前经历了经济初步发展时期，20 世纪 90 年代至 2009 年（全球金融危机后），经历了经济曲折发展时期，2010 年至 2017 年经历了经济快速发展时期。

（一）经济初步发展时期

20 世纪 90 年代之前，蒙古国长期实行计划经济，发展社会主义经济成分，在单一畜牧业的基础上，逐步发展起种植业、工业、运输业、建筑业等经济部门。其中，畜牧业是蒙古国的传统产业，是国民经济的基础，也是蒙古国加工业和生活必需品的主要原料来源。蒙古国国民经济对外依存度较高。20 世纪 80 年代，蒙古国经济发展相对稳定，人均 GDP 也维持在 1400~1900 美元，GDP 保持正增长。20 世纪 80 年代末，世界冷战格局逐渐开始瓦解，社会主义阵营国家开始了改革的热潮，1989 年蒙古国 GDP 超过 39 亿美元后，开始出现下滑（见表 8-1）。

表 8-1 蒙古国 1981~1989 年 GDP、人均 GDP 和 GDP 增长率情况

年份	1981	1982	1983	1984	1985	1986	1987	1988	1989
GDP（美元）	2497286677	2705613731	2863460263	3033361372	3206653432	3507277015	3628581398	3813928331	3973281722
人均 GDP（美元）	1441	1522	1571	1621	1668	1775	1785	1825	1856
GDP 增长率（%）	—	8.34	5.83	5.93	5.71	9.37	3.46	5.11	4.18

资料来源：世界银行数据库（2017 年数据，按 2010 年不变价美元计算，四舍五入保留整数）。

（二）经济曲折发展时期

在经济转轨初期，即 20 世纪 90 年代初，由于失去了苏联的外援，蒙古国国民经济受到巨大冲击，经济增长率为负，人均 GDP 迅速下滑，并始终处于较低水平。从 1993 年开始，随着中央政府宏观经济政策的逐渐调整，经济增长开始恢复，到 1994 年经济增长率达到 2.13%，人均 GDP 接近 1400 美元。2003 ~ 2008 年，经济发展势头强劲，GDP 增长率维持在 7% ~ 10.63%，2008 年 GDP 总量达到 68.46 亿美元，人均 GDP 达到 2605 美元。但是受 2008 年金融危机的影响，蒙古国经济再次下跌，经济增长率再次为负，人均 GDP 也再次下滑。2009 年，受全球金融危机和矿产品价格大幅下跌的影响，蒙古国对外贸易也呈现负增长（见表 8 - 2）。

表 8 - 2　蒙古国 1990 ~ 2009 年 GDP、人均 GDP 和 GDP 增长率情况

年份	1990	1991	1992	1993	1994	1995	1996	1997	1998	1999
GDP（美元）	3846754148	3512334856	3187216784	3086220528	3152092285	3353083145	3428027700	3561608121	3680563574	3793570458
人均 GDP（美元）	1761	1584	1421	1364	1382	1459	1480	1525	1562	1597
GDP 增长率（%）	- 3.18	- 8.69	- 9.26	- 3.17	2.13	6.38	2.24	3.90	3.34	3.07
年份	2000	2001	2002	2003	2004	2005	2006	2007	2008	2009
GDP（美元）	3837047132	3950344027	4137312960	4427116614	4897515726	5252765132	5702204050	6286566854	6846094436	6759244954
人均 GDP（美元）	1600	1633	1693	1793	1961	2079	2229	2426	2605	2533
GDP 增长率（%）	1.15	2.95	4.73	7.00	10.63	7.25	8.56	10.25	8.90	- 1.27

资料来源：世界银行数据库（2017 年数据，按 2010 年不变价美元计算，四舍五入保留整数）。

（三）经济快速发展时期

2010 年，蒙古国经济实现复苏，其中主要表现在采矿业、农林渔业以及制造业等。2010 年末，流通中货币余额（M0）5197 亿图格里克，同比增长 39.8%；狭义货币供应量（M1）余额 11576 亿图格里克，同比增长 77.8%；广义货币供应量（M2）余额 46800 亿图格里克，同比增长 62.5%[①]。GDP 总量在 2009 年下跌后再次反弹，超过 2008 年的总量，达到 71.89 亿美元。随着全球金

---

① 卡娃：《蒙古国区域经济发展研究》，东北亚研究院，2014 年 12 月。

融危机影响的进一步减弱,全球矿业走出低谷,国际市场矿产品价格在高位运行,蒙古国"矿业兴国"战略渐显成效,同时拉动了相关产业和基础设施建设的发展。2013 年 10 月 3 日,蒙古国通过了新《投资法》,标志着 2012 年 5 月通过的《战略领域外国投资协调法》就此作废。新《投资法》致力于创造稳定的投资环境,且致力于保护投资者权益,通过吸引外资提升经济发展驱动力。如表8 – 3 所示,2010 ~ 2017 年,蒙古国 GDP 总量和人均 GDP 都在逐年升高。受世界经济贸易及矿产品、畜产品价格影响,蒙古国 GDP 增长率时高时低,但都是正增长,蒙古国经济进入快速发展时期。

表 8 – 3 蒙古国 2010 ~ 2017 年 GDP、人均 GDP 和 GDP 增长率情况

年份	2010	2011	2012	2013	2014	2015	2016	2017
GDP(美元)	7189481824	8432599136	9471480158	10574804943	11408652157	11680159346	11825367387	12521245863
人均 GDP(美元)	2650	3054	3366	3686	3902	3924	3906	4071
GDP 增长率(%)	6.37	17.29	12.32	11.65	7.89	2.38	1.24	5.88

资料来源:世界银行数据库(2017 年数据,按 2010 年不变价美元计算,四舍五入保留整数)。

二、俄罗斯经济发展概况

俄罗斯工业基础雄厚,以机械、钢铁、冶金、石油、天然气、煤炭、森林工业及化工等为主,木材和木材加工业也比较发达,核工业和航空航天业占世界重要地位。俄罗斯农牧业并重,主要农作物有小麦、大麦、燕麦、玉米、水稻和豆类。经济作物以亚麻、向日葵和甜菜为主。畜牧业主要为养牛、养羊、养猪业。俄罗斯工业结构不合理,重工业发达,轻工业发展缓慢,民用工业落后状况尚未根本改变。俄罗斯主要出口商品是石油、天然气等矿产品、金属及其制品、化工产品、机械设备和交通工具、宝石及其制品、木材及纸浆等,主要进口商品是机械设备和交通工具、食品和农业原料产品、化工品及橡胶、金属及其制品、纺织服装类商品等。

俄罗斯曾是世界第二经济强国,苏联解体后俄罗斯经济严重衰退。从 1991年末苏联解体至今,俄罗斯经济发展波动频繁。1991 ~ 1998 年是全面衰退阶段,

如表 8 – 4 所示，GDP 总量逐年减少，人均 GDP 由 1991 年的 9033 美元降为 1998 年的 5506 美元，GDP 增长率基本为负。1999～2008 年是恢复和恢复性增长阶段，如表 8 – 5 所示，GDP 总量逐年增加，人均 GDP 由 1999 年的 5876 美元升为 2008 年的 11090 美元，GDP 增长率变为正。2009～2013 年是受全球性金融危机冲击陷入危机后的恢复、增长衰减阶段，如表 8 – 6 所示，GDP 总量在 2009 年有所下降，GDP 增长率为负，2010 年后逐年增长，GDP 总量由 2009 年的 14592 亿美元升为 2013 年的 16939 亿美元，GDP 增长率没有突破 6% 的水平，经济增长变缓。

表 8 – 4　俄罗斯 1991～1998 年 GDP、人均 GDP 和 GDP 增长率情况

年份	1991	1992	1993	1994	1995	1996	1997	1998
GDP(美元)	1342531281524	1147447070570	1047980158360	916251609740	878286464023	846668151314	858521505427	813019865651
人均 GDP（美元）	9033	7717	7056	6177	5919	5715	5804	5506
GDP 增长率(%)	– 5.05	– 14.53	– 8.67	– 12.57	– 4.14	– 3.6	1.4	– 5.3

资料来源：世界银行数据库（2017 年数据，按 2010 年不变价美元计算，四舍五入保留整数）。

表 8 – 5　俄罗斯 1999～2008 年 GDP、人均 GDP 和 GDP 增长率情况

年份	1999	2000	2001	2002	2003	2004	2005	2006	2007	2008
GDP(美元)	865053137053	951558450752	1000011657015	1047448908954	1123869255543	1204517542309	1281319833579	1385791374566	1504069779920	1583002663063
人均 GDP（美元）	5876	6491	6851	7209	7770	8361	8928	9687	10532	11090
GDP 增长率(%)	6.40	10.00	5.09	4.74	7.30	7.18	6.38	8.15	8.54	5.25

资料来源：世界银行数据库（2017 年数据，按 2010 年不变价美元计算，四舍五入保留整数）。

表 8 – 6　俄罗斯 2009～2013 年 GDP、人均 GDP 和 GDP 增长率情况

年份	2009	2010	2011	2012	2013
GDP（美元）	1459197844811	1524916112079	1605506181284	1664201907021	1693913810672
人均 GDP（美元）	10220	10675	11230	11621	11804
GDP 增长率（%）	– 7.82	4.50	5.28	3.66	1.79

资料来源：世界银行数据库（2017 年数据，按 2010 年不变价美元计算，四舍五入保留整数）。

2014 年后，俄罗斯经济发展的外部条件持续恶化，乌克兰危机引发欧美等国实施经济制裁，国际油价大跌，美元加息等不利的外部因素连续打击着本已脆弱的俄罗斯经济，在内忧外患下俄罗斯经济陷入危机。从 2014 年 3 月起，欧美等西方国家对俄罗斯金融、能源和军事领域实施了多轮制裁，且制裁逐步升级。2014 年 10 月，国际原油价格开始大幅下跌，俄罗斯出口收入也随之快速下降。欧美制裁、国际油价暴跌等因素带来一系列严重的连锁反应：市场预期下降、投资环境恶化、资金大量外逃、卢布持续贬值、通货膨胀率升高。在一系列负面因素的影响下，2014 年俄罗斯 GDP 增速继续下降至 0.74%，2015 年经济出现负增长，固定资产投资 2014 年下降了 1.5%，2015 年降幅扩大到 8.4%。固定资产投资大幅下降导致工业生产全面下滑，2014 年和 2015 年工业生产指数分别为 1.7% 和 −3.4%，加工工业下降的速度快于工业整体水平，2014 年和 2015 年加工工业增长率分别为 2.1% 和 −5.4%。实体经济中，农业仍能保持增长但增速下降，2013 年农业生产增长率为 5.8%，2014 年和 2015 年增长率分别下降至 3.5% 和 3%。居民生活水平下降，俄罗斯企业职工实际工资，2014 年同比增长 1.2%，2015 年同比下降 9.5%，居民实际可支配收入 2014 年同比下降 0.7%，2015 年下降 4%[①]。

进入 2016 年，随着外部形势的好转和俄罗斯政府反危机政策的逐步实施，俄罗斯经济下降的速度逐步趋缓，2016 年 GDP 下降额同比仅为 2015 年的 12%。2016 年，俄罗斯实体经济中的大部分行业实现增长。农业延续了 2015 年以来的增长趋势，且增速加快至 4.8%。工业生产同比增长 1.3%，加工业形势好转，实现了 0.1% 的微弱增长。2016 年，在国际原油价格回升的条件下，俄罗斯卢布逐步趋稳，并相应升值，卢布对美元升值幅度为 20.33%，通货膨胀率降低至 5.2% 的较低水平。尽管 2016 年以来俄罗斯主要经济指标均出现下降趋势放缓的迹象，但拉动经济增长的"三驾马车"仍然动力不足。从出口看，2016 年，俄罗斯对外贸易总额为 4706 亿美元，同比下降 12%。从消费看，2016 年，居民实际可支配收入同比下降 5.9%，居民实际收入下降导致消费能力降低，零售贸易流转额同比下降 5.2%。从投资看，2016 年，俄罗斯固定资产投资下降 0.9%[②]。随着全球经济的缓慢复苏和国际油价的逐渐回升，不利的周期性因素和外部因素

---

① Министерство экономического развития РФ, Мониторинг об итогах социально – экономическогоразвития Российской Федерации в 2014（2015）году［EB/OL］. http：//economy. gov. ru/ minec/activity/sections/mac? ro/monitoring/monitoring2014 http：//economy. gov. ru/minec/about/structure/dep-macro/2016090201.

② Институт экономической политики имени Е. Т. Гайдара, Российская экономика в 2016 году: тенденциии перспективы №38［EB/OL］. https：//www. iep. ru/ru/publikatcii/8156/ publication. html.

逐步消除。然而，俄罗斯经济内生的结构性矛盾仍未得到根本解决，2017 年，GDP 总量和 GDP 增速增长缓慢（见表 8 – 7）。

表 8 – 7　俄罗斯 2014 ~ 2017 年 GDP、人均 GDP 和 GDP 增长率情况

年份	2014	2015	2016	2017
GDP（美元）	1706425071175	1658163260861	1654433869550	1680005299558
人均 GDP（美元）	11681	11326	11280	11441
GDP 增长率（%）	0.74	– 2.83	– 0.22	1.55

资料来源：世界银行数据库（2017 年数据，按 2010 年不变价美元计算，四舍五入保留整数）。

三、"一带一路" 沿线其他国家经济发展概况

"一带一路" 沿线国家涵盖了南亚、东南亚、西亚、北非、中东欧等世界大部分地区，包括中国在内，该地区的国土面积占全球的 38%，人口总量占全球的 62%，而国内生产总值却只占全球 GDP 总量的 31%[①]。按照世界银行以人均国民生产总值为标准的划分，"一带一路" 沿线国家绝大多数为中等收入国家，仅有 18 个国家跻身发达国家行列。除了中俄蒙，根据地理板块的差异与经济发展模式不同，将 "一带一路" 62 个沿线国家划分成 5 个区域，分别是中亚、西亚和北非、中东欧、东南亚以及南亚。根据 2017 年世界银行数据对收入水平、GDP 和人均 GDP 的分析，5 个区域中，中东欧的 "一带一路" 沿线国家普遍跻身于高收入或中高收入国家行列，除了摩尔多瓦和乌克兰；西亚、北非国家，特别是能源丰富的西亚国家人均 GDP 都远超高收入国家的基准线；与此形成鲜明对比的是东南亚、南亚及中亚地区，这些地区大部分国家的经济水平都相对落后，处于中低收入或低收入行列，特别是南亚的一些能源贫瘠或政治动荡的国家，如尼泊尔、阿富汗等，2017 年的人均 GDP 水平不足 850 美元，属于极为贫穷的国家。总之，在 62 个国家（不包括中俄蒙）中除了印度和印度尼西亚两个国家，其他各国的经济体量均低于 1 万亿美元，发展模式也比较单一。一般来说，能源丰富

---

① 吴舒钰：《"一带一路" 沿线国家的经济发展》，《经济研究参考》2017 年第 15 期。

且政治环境稳定的国家比较富裕，而资源贫乏或政治动荡的国家则相对落后和贫穷，如表8-8所示。

表8-8 "一带一路"沿线国家（除中、俄、蒙）基本经济情况

	国家	收入水平	GDP（美元）	人均GDP（美元）
中亚	哈萨克斯坦	中高等收入国家	159406926359	8837
	土库曼斯坦	中高等收入国家	42355428571	7356
	乌兹别克斯坦	中低等收入国家	48717685984	1504
	吉尔吉斯斯坦	中低等收入国家	7564738836	1220
	塔吉克斯坦	低收入国家	7145701019	801
西亚北非	卡塔尔	高收入国家	167605219780	63506
	阿拉伯联合酋长国	高收入国家	382575085092	40699
	科威特	高收入国家	120126277613	29040
	以色列	高收入国家	350850537827	40270
	巴林	高收入国家	35307127660	23655
	沙特阿拉伯	高收入国家	683827144289	20761
	阿曼	高收入国家	72642652796	15668
	土耳其	中高等收入国家	851102411118	10541
	黎巴嫩	中高等收入国家	51844487742	8524
	阿塞拜疆	中高等收入国家	40747792238	4132
	伊拉克	中高等收入国家	197715736041	5166
	伊朗	中高等收入国家	439513511621	5415
	约旦	中高等收入国家	40068308516	4130
	格鲁吉亚	中低等收入国家	15159281211	4078
	亚美尼亚	中高等收入国家	11536590636	3937
	埃及	中低等收入国家	235369129338	2413
	约旦河西岸和加沙	中低等收入国家	14498100000	3095
	也门	低收入国家	18213328571	660
	叙利亚	低收入国家	40405006007	2058

	国家	收入水平	GDP（美元）	人均 GDP（美元）
中东欧	斯洛文尼亚	高收入国家	48769655479	23597
	爱沙尼亚	高收入国家	25921079612	19705
	捷克	高收入国家	215725534372	20368
	斯洛伐克	高收入国家	95769031980	17605
	立陶宛	高收入国家	47168303744	16681
	拉脱维亚	高收入国家	30264454642	15594
	波兰	高收入国家	524509565263	13812
	匈牙利	高收入国家	139135029758	14225
	克罗地亚	高收入国家	54849180229	13295
	罗马尼亚	中高等收入国家	211803281925	10814
	白俄罗斯	中高等收入国家	54442374373	5726
	保加利亚	中高等收入国家	56831518294	8032
	黑山	中高等收入国家	4774086094	7670
	塞尔维亚	中高等收入国家	41431648801	5900
	马其顿	中高等收入国家	11337827332	5443
	波黑	中高等收入国家	18168579578	5181
	阿尔巴尼亚	中高等收入国家	13039352744	4538
	乌克兰	中低等收入国家	112154185121	2640
	摩尔多瓦	中低等收入国家	8128493432	2290
东南亚	新加坡	高收入国家	323907234412	57714
	文莱	高收入国家	12128089001	28291
	马来西亚	中高等收入国家	314500279044	9945
	泰国	中高等收入国家	455220920571	6594
	印度尼西亚	中低等收入国家	1015539017537	3847
	菲律宾	中低等收入国家	313595208737	2989
	越南	中低等收入国家	223863996355	2343
	老挝	中低等收入国家	16853079615	2457
	缅甸	中低等收入国家	69322122756	1299
	东帝汶	中低等收入国家	2954621000	2279
	柬埔寨	中低等收入国家	22158209503	1384

续表

国家		收入水平	GDP（美元）	人均GDP（美元）
南亚	马尔代夫	中高等收入国家	4597083304	10536
	斯里兰卡	中低等收入国家	87174682200	4065
	不丹	中低等收入国家	2511852941	3110
	印度	中低等收入国家	2597491162898	1940
	巴基斯坦	中低等收入国家	304951818494	1548
	孟加拉国	中低等收入国家	249723887765	1517
	尼泊尔	低收入国家	24472013234	835
	阿富汗	低收入国家	20815300220	586

资料来源：世界银行数据库（2017年数据，按现价美元计算，四舍五入保留整数）。

第二节 中国内蒙古自治区对外贸易历程

一、改革开放前的内蒙古自治区对外贸易

内蒙古自治区自1947年建立，到1949年中华人民共和国成立，再到改革开放，对外贸易从无到有，从被迫开放到自主开放，始终是中国向北开放的桥头堡，承担着守护祖国边疆的重要责任。1951年，中蒙签署对外贸易协定，标志着中蒙两国实现了真正的贸易关系。内蒙古自治区作为与蒙古国接壤的地区，拥有二连浩特等重要的贸易口岸，是中蒙贸易的前沿阵地。

内蒙古自治区在1952～1965年，基本没有出口商品，进口商品呈现急速增长又急速下降的趋势，这与20世纪60年代商品经济落后、三年困难时期有一定关系。1965～1978年，内蒙古自治区对外贸易进口额逐年上涨，出口额也基本保持上涨，只是上涨幅度低于进口额增长幅度。1975年前，贸易呈现逆差，这一时期国内物质相对缺乏，需要大量进口物资满足国内需求。1975年后，贸易呈现顺差，出口额快速增长，进口额增长缓慢，1978年出口额达到1026万美元，进口额为526万美元（见图8－1）。

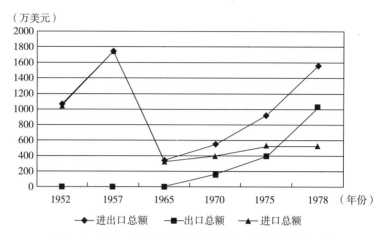

图 8 - 1 1952~1978 年内蒙古自治区对外贸易进出口额

资料来源：根据 2017 年《内蒙古统计年鉴》17 - 1 数据画图得出。

二、改革开放伊始到 2000 年的内蒙古自治区对外贸易

（一）改革开放伊始到 2000 年的内蒙古自治区对外贸易进出口额

改革开放伊始到 2000 年间，内蒙古自治区对外贸易一直处于贸易顺差，进出口额基本处于渐进式增长。2000 年，内蒙古自治区出口额达到 102185 万美元，是 1978 年的 99.6 倍，进口额为 101411 万美元，是 1978 年的 192.8 倍，对外贸易进出口额增长迅猛（见图 8 - 2）。

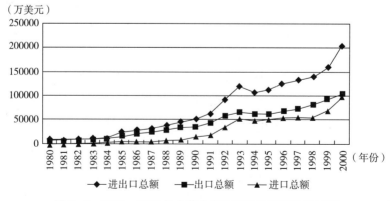

图 8 - 2 1980~2000 年内蒙古自治区对外贸易进出口额

资料来源：根据 2017 年《内蒙古统计年鉴》17 - 1 数据画图得出。

(二) 改革开放伊始到2000年的内蒙古自治区对外贸易进出口商品

根据《内蒙古统计年鉴》相关数据的变化,改革开放伊始到2000年的对外贸易进出口商品种类分三个阶段进行介绍。1981~1985年,出口产值较多的产品是粮油食品类和土畜产类,五金矿产类虽较其他产品多,但低于以上两种商品品类(见表8-9)。1986~1996年,出口产值较多的产品是粮油食品类、土畜产类、纺织类、五金矿产类和轻工业类,反映出这一阶段内蒙古自治区纺织等轻工业的快速发展(见表8-10)。1997~1999年,出口产值较多的产品是纺织丝绸类、轻工业品及服装类、五金矿产类、粮油食品类,反映出这一阶段内蒙古自治区纺织类等轻工业和五矿类等重工业进一步发展,超过了原来占出口优势的初级产品即粮油食品类和土畜产类(见表8-11)。1981~1985年,进口产值较多的产品是机械类、化工类和五金矿产类,1986~1996年,进口产值较多的产品是化工类、土畜类、五矿类和机械类,1997~1999年,进口产值较多的产品是五矿类、土畜类、化工类、机械及设备类,可以看出内蒙古自治区对土畜类产品需求的扩大,由大量出口转为大量进口,以及对五矿类产品需求的增加。

表8-9 1981~1985年内蒙古自治区对外贸易进出口商品 单位:万美元

年份 主要出口 商品类别	1981	1982	1983	1984	1985	合计	出口产值较多 的产品类别
粮油食品类	1955.3	1859.9	2189.4	2066	—	8070.6	
土畜产类	1460.1	2223	1308.8	2658	—	7649.9	
纺织品类	—	54.7	225.5	285		565.2	
轻工业品	43.5	67.5	154.8	158.5		424.3	
工艺品类	—	—	54.4	72		126.4	①粮油食品类
五金矿产类	1035.8	1924.5	1696.8	1157		5814.1	②土畜产类
化工类	63.2	27.1	2.6	59		151.9	③五金矿产类
机械类	0.5	7.3	22.3	17.3		47.4	
冶金类	—	—	52.9	503		555.9	
机械设备类	—	—	3.2	52.5		55.7	
其他	—	—	—	—		0	

主要出口商品类别 / 年份	1981	1982	1983	1984	1985	合计	进口产值较多的产品类别
五金矿产类	—	75.9	535	556	—	1166.9	
化工类	107.9	74.9	1089	173	—	1444.8	
医药类	—	—	148	183	—	331	
轻工类	572	268	492	489	—	1821	①机械类
纺织类	705.4	296.8	—	—	—	1002.2	②化工类
机械类	130.6	63.6	741	1033	—	1968.2	③五金矿产类
仪器类	102.7	80.1	175	562	—	919.8	
土畜类	1	37.4	84	21	—	143.4	
其他	—	—	26	—	—	26	

资料来源：根据1982～1985年《内蒙古统计年鉴》数据整理得出。

表8-10　1986～1996年内蒙古自治区对外贸易进出口商品　单位：万美元

主要出口商品类别 / 年份	1986	1987	1988	1989	1990	1991	1992	1993	1994	1995	1996	合计	出口产值较多的产品类别
粮油食品类	5200	6198	9742	9899	7563	12403	19284	19451	13949	9089	8122	120900	
土畜产类	5208	6382	5984	7042	6405	7644	10564	7253	9349	7611	2580	76022	
纺织类	1282	2375	3696	5224	6086	7303	5019	5396	9951	15379	11697	73408	
轻工业类	617	902	1208	3200	4457	3657	5019	6285	5824	4777	12841	48787	
工艺品类	271	545	456	438	337	525	566	1791	1986	2045	1822	10782	
五金矿产类	1410	2248	5235	4669	4277	4333	4385	2745	2591	12713	11578	56184	①粮油食品
化工类	263	428	556	553	572	1242	813	659	924	1344	2552	9906	②土畜产类
医药类	1052	1288	1011	1212	1346	1110	1507	1480	1252	489	690	12437	③纺织类
机械设备类	72	104	377	405	378	705	1066	1175	838	933	1125	7178	④五金矿产类
煤炭类	995	1059	937	450	366	986	1365	1285	1946	3113	1884	14386	⑤轻工业类
丝绸类	4	13	25	11	168	166	609	274	69	56	—	1395	
机械类	55	146	28	69	430	276	1489	235	318	144	—	3190	
其他	—	—	102	458	71	1515	627	16849	10568	3147	13175	46512	
五矿类	1217	957	1468	2098	1994	1291	6126	14300	13952	8818	8704	60925	

续表

年份 主要出口 商品类别	1986	1987	1988	1989	1990	1991	1992	1993	1994	1995	1996	合计	进口产值 较多的产 品类别
化工类	1198	2649	3325	2953	7305	10270	14041	7476	7389	8712	10947	76265	
医药类	383	683	972	413	418	819	567	275	107	68	382	5087	
轻工类	427	295	297	480	1850	1645	1229	1430	1791	3279	583	13306	
纺织类	443	142	645	879	982	757	1154	616	855	623	3581	10677	
粮油类	372	290	163	145	435	395	185	590	280	864	27	3746	①化工类
工艺类	—	—	26	11	无	74	85	51	15	2	2	266	②土畜类
成套设备及 技术引进	—	—	213	496	246	710	494	1972	1968	7000	9462	22561	③五矿类
机械类	1161	1223	666	509	1285	1188	7250	10643	3933	7169	3319	38346	④机械类
仪器类	642	386	230	538	80	97	268	614	371	1718	707	5651	
土畜类	171	429	268	1160	1308	853	3269	17438	15902	13217	18677	72692	
其他	—	—	—	—	—	—	—	—	—	—	—	0	

资料来源：根据 1986~1997 年《内蒙古统计年鉴》数据整理得出。

表 8-11 1997~1999 年内蒙古自治区对外贸易进出口商品

单位：万美元

年份 主要出口商品类别	1997	1998	1999	合计	出口产值较多的产品类别
粮油食品类	10110	10899	8671	29680	
土畜产类	2125	2217	2065	6407	
纺织丝绸类	13802	31589	25075	70466	
轻工业品及服装类	14353	22578	12795	49726	
工艺品类	1539	2730	3268	7537	
五金矿产类	14718	8684	7324	30726	①纺织丝绸类
化工类	2210	2258	2551	7019	②轻工业品及服装类
运输工具类	464	192	71	727	③五金矿产类
医药类	1443	1974	1896	5313	④粮油食品类
机械设备类	876	677	893	2446	
家电设备类	449	505	213	1167	
煤炭类	2007	2743	6799	11549	
其他	9423	13454	30925	53802	

续表

主要进口商品类别 \ 年份	1997	1998	1999	合计	进口产值较多的产品类别
机械及设备类	5925	4187	4709	14821	
运输工具类	3883	3935	1622	9440	
光电产品类	1045	901	241	2187	
五矿类	11633	12336	21108	45077	①五矿类
化工类	7471	7076	13622	28169	②土畜类
医药类	409	286	258	953	③化工类
轻工类	806	799	1422	3027	④机械及设备类
纺织类	4760	1763	1419	7942	
粮油类	29	458	418	905	
土畜类	18801	8098	13341	40240	
其他	2800	16399	12021	31220	

资料来源：根据1998~2000年《内蒙古统计年鉴》数据整理得出。

（三）改革开放伊始到2000年的内蒙古自治区对外贸易主要国家和区域

根据1987~2000年《内蒙古统计年鉴》相关数据，从出口贸易额来看，1986~1992年，内蒙古自治区的主要贸易国家或地区为苏联、日本和苏蒙边境，英国、美国和意大利等国家也有一定的贸易额；1993~1999年，内蒙古自治区的主要贸易国为俄罗斯和日本，美国、意大利、英国和法国等国家也有一定的贸易额（见表8-12）。这一时期内蒙古自治区与蒙古国的对外贸易没有统计，表明对外贸易发展可能受到国家政策等因素的影响。

表8-12　内蒙古自治区对外贸易出口总值国家排序

年份	对外贸易出口总值第一	对外贸易出口总值第二	对外贸易出口总值第三	对外贸易出口总值第四	对外贸易出口总值第五	对外贸易出口总值第六
1986	苏联	日本	英国	对苏蒙边境贸易	意大利	美国
1987	日本	苏联	对苏蒙边境贸易	英国	美国	意大利
1988	日本	对苏蒙边境贸易	苏联	英国	意大利	美国
1989	对苏蒙边境贸易	苏联	日本	英国	意大利	美国
1990	对苏蒙边境贸易	日本	苏联	英国	美国	意大利
1991	苏联	日本	意大利	英国	美国	法国
1992	苏联	日本	意大利	英国	美国	法国

续表

年份	对外贸易出口总值第一	对外贸易出口总值第二	对外贸易出口总值第三	对外贸易出口总值第四	对外贸易出口总值第五	对外贸易出口总值第六
1993	俄罗斯	日本	美国	英国	意大利	法国
1994	俄罗斯	日本	意大利	美国	英国	法国
1995	日本	俄罗斯	意大利	美国	法国	英国
1996	俄罗斯	日本	美国	英国	意大利	法国
1997	俄罗斯	日本	美国	意大利	英国	法国
1999	俄罗斯	日本	美国	意大利	法国	英国

注：1999 年《内蒙古统计年鉴》中没有 1998 年的相关数据。

资料来源：根据历年《内蒙古统计年鉴》17 - 3 和 17 - 4（不包括中国香港、澳门、台湾）数据整理得出。

三、西部大开发后的内蒙古自治区对外贸易（2000 ~ 2014 年）

（一）西部大开发后的内蒙古自治区对外贸易进出口额（2000 ~ 2014 年）

西部大开发后到 2014 年间，内蒙古自治区对外贸易一直处于贸易逆差，进出口额仍处于渐进式增长。2014 年，内蒙古自治区出口额达到 639500 万美元，是 1978 年的 623. 3 倍，进口额为 815900 万美元，是 1978 年的 1551. 1 倍，对外贸易进出口额增长飞速（见图 8 - 3）。

图 8 - 3　2000 ~ 2014 年内蒙古自治区对外贸易进出口额

资料来源：根据 2017 年《内蒙古统计年鉴》17 - 1 数据画图得出。

（二）西部大开发后的内蒙古自治区对外贸易商品（2000～2014 年）

1. 2000～2003 年内蒙古自治区对外贸易商品

根据 2000～2004 年《内蒙古统计年鉴》相关数据，内蒙古自治区主要的出口产品是其特色资源和产业，如纺织丝绸类、煤炭类、五金矿产类；主要的进口产品是其保护资源，如木材类以及化工类、轻工类、机械和设备类等弱势产业（见表 8-13）。这一时期，内蒙古自治区对五金矿产类资源需求旺盛，资源加工类产业发展迅速。

表 8-13　2000～2003 年内蒙古自治区对外贸易进出口商品

单位：万美元

年份 主要出口商品类别	2000	2001	2002	2003	合计	出口产值较多的 产品类别
粮油食品类	27073	12463	24483	25560	89579	
土畜产类	1193	1713	3985	5264	12155	
纺织丝绸类	20056	23057	15665	23491	82269	
轻工业品	868	2262	3858	5429	12417	
服装类	12254	11749	14749	20826	59578	
工艺品类	975	72	204	—	1251	①粮油食品类
五金矿产类	8888	15372	20025	18846	63131	②纺织丝绸类
化工类	3037	3735	5940	10150	22862	③煤炭类
运输工具类	466	200	1603	345	2614	④五金矿产类
医药类	1813	1974	2314	1981	8082	
机械设备类	1386	1382	2000	2217	6985	
家电设备类	222	81	556	—	859	
煤炭类	6068	13457	18102	28516	66143	
其他	17886	26539	23611	1464	69500	
年份 主要进口商品类别	2000	2001	2002	2003	合计	进口产值较多的产品
机械及设备类	17201	7345	9699	16392	50637	①五矿类
运输工具类	1112	3220	1367	4089	9788	②木材类
光电产品类	205	35	146	1685	2071	③化工类
木材类	16839	14543	34038	46814	112234	④轻工类
五矿类	37782	43086	26008	22718	129594	⑤机械及设备类

续表

年份 主要进口商品类别	2000	2001	2002	2003	合计	进口产值较多的产品
化工类	18920	30868	18542	27495	95825	
医药类	212	—	—	40	252	①五矿类
轻工类	12227	11868	17501	18848	60444	②木材类
纺织类	1526	1316	939	2206	5987	③化工类
粮油类	433	581	1319	448	2781	④轻工类
土畜类	7910	499	723	3013	12145	⑤机械及设备类
其他	3883	27402	53117	23516	107918	

资料来源:根据2001~2004年《内蒙古统计年鉴》17-3和17-4数据整理得出。

2. 2004~2014年内蒙古自治区对外贸易商品

如表8-14所示,根据2004~2014年《内蒙古统计年鉴》相关数据,与2000~2003年对外贸易商品比较,内蒙古自治区主要的出口产品仍然有纺织原料及纺织制品,随着产业的升级,开始出口化学工业类、运输设备类和机械及设备类产品,贱金属及其制品出口额位居第一;主要的进口产品依然是矿产类、木制品类和化工类、机械及设备类。这一时期矿产品出口量总额较少,进口量总额较多,造成这一现象的原因是国内市场需求旺盛,而贱金属及其制品出口额增长迅速,源于这一时期内蒙古自治区重工业的快速发展。

表8-14 2004~2014年内蒙古自治区对外贸易进出口商品

单位:万美元

主要出口商品类别	合计	出口产值较多的产品类别
活动物;动物产品	42232	①贱金属及其制品 ②纺织原料及纺织制品 ③化学工业及其相关工业的产品 ④车辆、航空器、船舶及有关运输设备 ⑤机器、机械器具、电气设备及零件、录音机及放声机、电视图像声音的录制和重放设备及零附件
植物产品	181736	
动植物油脂及分解产品;精制食用油脂;动植物蜡	1025	
食品、饮料、酒及醋;烟草及代用品的制品	111209	
矿产品	80668	
化学工业及其相关工业的产品	511998	
塑料及其制品;橡胶及其制品	116447	
生皮、皮革、毛皮及制品;鞍具挽具;旅行用品、手提包及类似物品;动物肠线制品	37024	

主要出口商品类别	合计	出口产值较多的产品类别
木及木制品；木炭；软木及制品；稻草、秸秆、针茅或其他编结材料制品；篮筐及柳条编结品	34215	
木浆及其他纤维状纤维素浆；纸及纸板的废碎品；纸、纸板及其制品	10189	
纺织原料及纺织制品	820087	
鞋、帽、伞、杖、鞭及其零件；已加工的羽毛及其制品；人造花；人发制品	41834	①贱金属及其制品 ②纺织原料及纺织制品
石料、石膏、水泥、石棉、云母及类似材料的制品；陶瓷产品；玻璃及其制品	50855	③化学工业及其相关工业的产品
天然或养殖珍珠、宝石或半宝石、贵金属、包贵金属及其制品，仿首饰硬币	81771	④车辆、航空器、船舶及有关运输设备
贱金属及其制品	921449	⑤机器、机械器具、电气设备及零件、录音机及放声机、电视图像声音的录制和重放设备及零附件
机器、机械器具、电气设备及零件；录音机及放声机、电视图像声音的录制和重放设备及零附件	213765	
车辆、航空器、船舶及有关运输设备	240193	
光学、照相、电影、计量、检验、医疗或外科用仪器设备、精密仪器及设备；钟表；乐器及其零附件	13615	
煤炭	61926	
其他	66976	
主要进口商品类别	合计	进口产值较多的产品类别
活动物；动物产品	127171	①矿产品
植物产品	16922	②木及木制品；木炭；软木及稻草、秸秆、针茅或其他编结材料制品；篮筐及柳条编结品
动植物油脂及分解产品；精制食用油脂；动植物蜡	12608	
食品、饮料、酒及醋；烟草及代用品的制品	14019	
矿产品	2681170	③机器、机械器具、电气设备及零件；录音机及放声机、电视图像声音的录制和重放设备及零附件
化学工业及其相关工业的产品	434631	
塑料及其制品；橡胶及其制品	149919	
生皮、皮革、毛皮及制品；鞍具挽具；旅行用品、手提包及类似物品；动物肠线制品	20884	④化学工业及其相关工业的产品
木及木制品；木炭；软木及稻草、秸秆、针茅或其他编结材料制品；篮筐及柳条编结品	1460581	⑤木浆及其他纤维状纤维素浆；纸及纸板的废碎品；纸、纸板及其制品
木浆及其他纤维状纤维素浆；纸及纸板的废碎品；纸、纸板及其制品	202622	

续表

主要出口商品类别	合计	出口产值较多的产品类别
纺织原料及纺织制品	38465	①矿产品 ②木及木制品;木炭;软木及稻草、秸秆、针茅或其他编结材料制品;篮筐或柳条编结品 ③机器、机械器具、电气设备及零件;录音机及放声机、电视图像声音的录制和重放设备及零附件 ④化学工业及其相关工业的产品 ⑤木浆及其他纤维状纤维素浆;纸及纸板的废碎品;纸、纸板及其制品
鞋、帽、伞、杖、鞭及其零件;已加工的羽毛及其制品;人造花;人发制品	11	
石料、石膏、水泥、石棉、云母及类似材料的制品;陶瓷产品;玻璃及其制品	6535	
天然或养殖珍珠、宝石或半宝石、贵金属、包贵金属及其制品,仿首饰硬币	11338	
贱金属及其制品	114802	
机器、机械器具、电气设备及零件;录音机及放声机、电视图像声音的录制和重放设备及零附件	688104	
车辆、航空器、船舶及有关运输设备	65079	
光学、照相、电影、计量、检验、医疗或外科用仪器设备、精密仪器及设备;钟表;乐器及其零附件	68610	
其他	61631	

资料来源:根据 2005~2015 年《内蒙古统计年鉴》17-3 和 17-4 数据整理得出。

(三)内蒙古自治区对外贸易主要国家(2000~2014 年)

根据 2000~2014 年《内蒙古统计年鉴》相关数据,从进出口贸易额来看,2000~2008 年内蒙古自治区的主要贸易国为日本、韩国和美国,蒙古国、俄罗斯和意大利等国家也有一定的贸易额;2009~2014 年内蒙古自治区的主要贸易国为蒙古国和俄罗斯,日本、韩国、美国、越南和泰国等国家也有一定的贸易额(见表 8-15)。随着邻国经济的发展和内蒙古自治区口岸建设水平的提高,贸易中的地缘优势发挥出越来越重要的作用。

表 8-15 2000~2014 年内蒙古自治区对外贸易出口总值国家排序

年份	对外贸易出口总值第一	对外贸易出口总值第二	对外贸易出口总值第三	对外贸易出口总值第四	对外贸易出口总值第五	对外贸易出口总值第六
2000	日本	韩国	俄罗斯	蒙古国	美国	意大利
2001	俄罗斯	韩国	日本	蒙古国	美国	意大利
2002	日本	韩国	蒙古国	俄罗斯	美国	意大利

续表

年份	对外贸易出口 总值第一	对外贸易出口 总值第二	对外贸易出口 总值第三	对外贸易出口 总值第四	对外贸易出口 总值第五	对外贸易出口 总值第六
2003	日本	韩国	俄罗斯	美国	意大利	蒙古国
2004	日本	韩国	美国	意大利	蒙古国	俄罗斯
2005	美国	日本	韩国	意大利	蒙古国	俄罗斯
2006	日本	美国	韩国	意大利	蒙古国	俄罗斯
2007	日本	美国	韩国	俄罗斯	蒙古国	意大利
2008	日本	蒙古国	韩国	美国	俄罗斯	泰国
2009	蒙古国	日本	俄罗斯	美国	韩国	越南
2010	蒙古国	日本	韩国	美国	俄罗斯	印度
2011	蒙古国	日本	韩国	美国	俄罗斯	法国
2012	蒙古国	韩国	日本	俄罗斯	美国	泰国
2013	蒙古国	韩国	美国	俄罗斯	日本	泰国
2014	蒙古国	俄罗斯	韩国	美国	日本	泰国

资料来源：根据2001～2015年《内蒙古统计年鉴》17－3和17－4数据整理得出（不包括中国香港、澳门和台湾）。

四、"一带一路"倡议提出后的内蒙古自治区对外贸易（2014～2017年）

（一）"一带一路"倡议提出后的内蒙古自治区对外贸易进出口额（2014～2017年）

"一带一路"倡议提出后，内蒙古自治区对外贸易处于逆差，出口额出现缓慢下降又回升，2014年，达到639500万美元，2015年下降为567344万美元，2016年下降为447100万美元，2017年提升到487796万美元；进口额出现缓慢下降又缓慢提升，2014年达到815900万美元，2015年下降为711047万美元，2016年提升为723000万美元，2017年提升到899556万美元（见图8－4）。

（二）"一带一路"倡议提出后的内蒙古自治区对外贸易进出口商品（2014～217年）

根据2014～2016年《内蒙古统计年鉴》相关数据，内蒙古自治区主要的出口产品为化学工业类、纺织原料及纺织制品、贱金属及其制品和植物产品，主要的进口产品为矿产类、木制品类、机械及设备类、化工类和活动物、动物产品类（见表 8 - 16）。这一时期，活动物、动物产品类的进口额有所增长，而进出口化工类产品比较多，主要是化肥和化工原料。

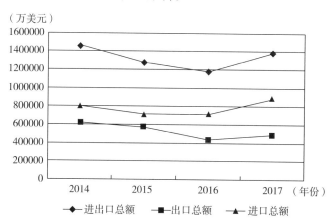

图 8 - 4　2014～2017 年内蒙古自治区对外贸易进出口额

资料来源：根据 2017 年《内蒙古统计年鉴》17 - 1 数据画图得出。

表 8 - 16　2014～2017 年内蒙古自治区对外贸易进出口商品

单位：万美元

主要出口商品类别	2014 年	2015 年	2016 年	2017 年	合计	出口产值较多的产品
活动物；动物产品	3305	2678	2994.64	3217.2	8977.64	
植物产品	23342	40125	52298.13	58862.8	115765.13	
动植物油脂及分解产品；精制食用油脂；动植物蜡	149	390	208.06	211	747.06	
食品、饮料、酒及醋；烟草及代用品的制品	14298	19703	18760.94	19142.5	52761.94	①化学工业及其相关工业的产品 ②纺织原料及纺织制品 ③贱金属及其制品 ④植物产品
矿产品	20164	16665	13933.58	15584.1	50762.58	
化学工业及其相关工业的产品	107125	122141	111856.8	119892.3	341122.83	
塑料及其制品；橡胶及其制品	36003	30640	25973.96	23573.9	92616.96	
生皮、皮革、毛皮及制品；鞍具、挽具；旅行用品、手提包及类似物品；动物肠线制品	12497	7656	3767.36	2622.6	23920.36	
木及木制品；木炭；软木及制品；稻草、秸秆、针茅或其他编结材料制品；篮筐及柳条编结品	4745	3315	2819.47	5136.5	10879.47	

主要出口商品类别	2014 年	2015 年	2016 年	2017 年	合计	出口产值较多的产品
木浆及其他纤维状纤维素浆；纸及纸板的废碎品；纸、纸板及其制品	5903	6323	2539.69	2024.4	14765.69	
纺织原料及纺织制品	112313	90883	66342.85	47189.4	269538.85	
鞋、帽、伞、杖、鞭及其零件；已加工的羽毛及其制品；人造花；人发制品	14610	21901	6605.72	3160.8	43116.72	
石料、石膏、水泥、石棉、云母及类似材料的制品；陶瓷产品；玻璃及其制品	19350	14603	5254.95	4869.5	39207.95	
天然或养殖珍珠、宝石或半宝石、贵金属、包贵金属及其制品，仿首饰硬币	360	802	52.51	199.5	1214.51	
贱金属及其制品	14610	97611	72077.08	96940.7	184298.08	①化学工业及其相关工业的产品②纺织原料及纺织制品③贱金属及其制品④植物产品
机器、机械器具、电气设备及零件；录音机及放声机、电视图像声音的录制和重放设备及零附件	37429	34692	21277.47	33169	93398.47	
车辆、航空器、船舶及有关运输设备	32062	24579	14431.2	39820.5	71072.2	
光学、照相、电影、计量、检验、医疗或外科用仪器设备、精密仪器及设备；钟表；乐器及其零附件	4665	4475	3569.02	2548.7	12709.02	
杂项制品	—	—	13087.35	9584.1	22671.45	
艺术品、收藏品及古物	—	—	51.07	33.1	51.07	
特殊交易品及未分类商品	—	—	7.75	12.1	7.75	
其他	41321	28162	—	—	69483	

续表

主要进口商品类别	2014 年	2015 年	2016 年	2017 年	合计	进口产值较多的产品
活动物;动物产品	32026	19735	19337.69	29864.7	100963.4	①矿产品 ②木及木制品;木炭;软木及稻草、秸秆、针茅或其他编结材料制品;篮筐及柳条编结品 ③机器、机械器具、电气设备及零件;录音机及放声机、电视图像声音的录制和重放设备及零附件 ④木浆及其他纤维状纤维素浆;纸及纸板的废碎品;纸、纸板及其制品 ⑤化学工业及其相关工业的产品 ⑥活动物;动物产品
植物产品	8547	19223	18833.07	17526.1	64129.17	
动植物油脂及分解产品;精制食用油脂;动植物蜡	697	1854	2750.87	603.4	5905.27	
食品、饮料、酒及醋;烟草及代用品的制品	1098	1311	2362.36	2702.9	7474.26	
矿产品	455041	379123	335234.7	513644	1683043	
化学工业及其相关工业的产品	24480	25513	26297.07	24804	101094.1	
塑料及其制品;橡胶及其制品	19522	16117	12776.71	12854.4	61270.11	
木及木制品;木炭;软木及稻草、秸秆、针茅或其他编结材料制品;篮筐及柳条编结品	154172	146944	162263.3	188161.4	651540.7	
木浆及其他纤维状纤维素浆;纸及纸板的废碎品;纸、纸板及其制品	31614	25023	23198.19	30041.8	109877	
纺织原料及纺织制品	7263	6502	7815.67	6648.7	28229.37	
鞋、帽、伞、杖、鞭及其零件;已加工的羽毛及其制品;人造花;人发制品	5	35	6.01	3.1	49.11	
石料、石膏、水泥、石棉、云母及类似材料的制品;陶瓷产品;玻璃及其制品	1015	1602	2762.25	2094.1	7473.35	
天然或养殖珍珠、宝石或半宝石、贵金属、包贵金属及其制品;仿首饰硬币	78	63	34.02	78.9	253.92	
贱金属及其制品	4871	3001	5879.14	6413.8	20164.94	

主要进口商品类别	2014 年	2015 年	2016 年	2017 年	合计	进口产值较多的产品
机器、机械器具、电气设备及零件；录音机及放声机、电视图像声音的录制和重放设备及零附件	60518	52036	87185.9	49674.7	249414.6	①矿产品 ②木及木制品；木炭；软木及稻草、秸秆、针茅或其他编结材料制品；篮筐及柳条编结品 ③机器、机械器具、电气设备及零件；录音机及放声机、电视图像声音的录制和重放设备及零附件 ④木浆及其他纤维状纤维素浆；纸及纸板的废碎料；纸、纸板及其制品 ⑤化学工业及其相关工业的产品 ⑥活动物；动物产品
车辆、航空器、船舶及有关运输设备	2092	2043	2276.6	3996.6	10408.2	
光学、照相、电影、计量、检验、医疗或外科用仪器设备、精密仪器及设备；钟表；乐器及其零附件	10399	9873	12070.98	5476.9	37819.88	
生皮、皮革、毛皮及制品；鞍具挽具；旅行用品、手提包及类似物品；动物肠线制品	1990	831	1437.05	1082.2	5340.25	
杂项制品	—	—	112.58	99.7	212.28	
特殊交易品及未分类商品	—	—	1496.51	3783.3	5279.81	
其他	472	218	—	—	690	

资料来源：根据 2015～2018 年《内蒙古统计年鉴》17－3 和 17－4 数据整理得出。

（三）"一带一路"倡议提出后的内蒙古自治区对外贸易主要国家（2014～2017 年）

2014 年以来，内蒙古自治区对外贸易的主要伙伴是蒙古国和俄罗斯，与韩国、美国和日本的贸易额越来越少。以 2016 年内蒙古自治区对外贸易进出口总额来看，与蒙古国和俄罗斯的对外贸易进出口额占比为 47.7%，与日本、韩国、美国的对外贸易进出口额占比为 14.6%；以 2017 年内蒙古自治区对外贸易进出口总额来看，与蒙古国和俄罗斯的对外贸易进出口额占比为 56.85%，与日本、韩国、美国的对外贸易进出口总额占比为 10.62%，贸易中的地缘优势作用发挥得更为突出（见表 8－17、表 8－18、表 8－19）。

（四）"一带一路"主要沿线国家海关进出口总额

2016 年开始，《内蒙古统计年鉴》开始对"一带一路"沿线国家与内蒙古自治区的对外贸易情况进行有针对性的统计，从统计结果来看，内蒙古自治区与

"一带一路"沿线国家的主要贸易伙伴是蒙古国和俄罗斯，2016 年蒙古国和俄罗斯进出口总额占"一带一路"主要沿线国家进出口总额的比例为 77.05%（见表 8 - 20），2017 年这一比例为 77.81%（见表 8 - 21），而与其他"一带一路"沿线国家贸易额较少。内蒙古自治区与一带一路沿线国家贸易的深度发展，对内蒙古自治区经济发展质量的提升具有重要的意义。

表 8 - 17　2014～2017 年内蒙古自治区对外贸易出口总值国家排序

年份	对外贸易出口总值第一	对外贸易出口总值第二	对外贸易出口总值第三	对外贸易出口总值第四	对外贸易出口总值第五	对外贸易出口总值第六
2014	蒙古国	俄罗斯	韩国	美国	日本	泰国
2015	蒙古国	俄罗斯	美国	韩国	越南	日本
2016	俄罗斯	蒙古国	韩国	美国	伊朗	越南
2017	俄罗斯	韩国	蒙古国	伊朗	美国	越南

资料来源：根据 2015～2018 年《内蒙古统计年鉴》17 - 3 和 17 - 4 数据整理得出（不包括中国香港、澳门和台湾）。

表 8 - 18　2016～2017 年内蒙古自治区对外贸易进口总值国家排序

年份	进口贸易额第一	进口贸易额第二	进口贸易额第三	进口贸易额第四	进口贸易额第五	进口贸易额第六
2016	蒙古国	俄罗斯	日本	澳大利亚	美国	韩国
2017	蒙古国	俄罗斯	澳大利亚	美国	瑞典	新西兰

资料来源：根据 2017 年《内蒙古统计年鉴》17 - 4 数据整理得出（不包括中国香港）。

表 8 - 19　2016～2017 年内蒙古自治区对外贸易进出口总额国家排序及具体数据

国家	2016 年各个国家进出口贸易总额（万美元）	2016 年进出口贸易总额（万美元）	2017 年各个国家进出口贸易总额（万美元）	2017 年进出口贸易总额（万美元）	2016 年各个国家进出口贸易总额占当年进出口贸易总额的比例（%）	2017 年各个国家进出口贸易总额占当年进出口贸易总额的比例（%）
蒙古国	280700	1170100	390918	1222856	0.239894026	0.319676233
俄罗斯	277300	1170100	304357	1222856	0.236988292	0.248890303
日本	60700	1170100	25449	1222856	0.051875908	0.020811118
韩国	56400	1170100	50534	1222856	0.048201008	0.041324571
美国	53200	1170100	53944	1222856	0.045466199	0.044113125
澳大利亚	28600	1170100	58882	1222856	0.024442355	0.048151213
合计	756900	—	884084	—	0.646867789	0.722966564

资料来源：根据 2017 年《内蒙古统计年鉴》17 - 4 数据整理得出（不包括中国香港）。

表 8 - 20　内蒙古自治区同"一带一路"主要沿线国家海关进出口总额（2016 年）

国家＼进出口额	出口总额（万美元）	进口总额（万美元）	进出口总额（万美元）	占"一带一路"主要沿线国家出口总额的比例（%）	占"一带一路"主要沿线国家进口总额的比例（%）	占"一带一路"主要沿线国家进出口总额的比例（%）	收入水平
蒙古国	40900	239800	280700	16.87	49.77	38.76	中低等收入国家
俄罗斯	62800	214500	277300	25.90	44.52	38.29	中高等收入国家
伊朗	22400	600	23000	9.24	0.12	3.18	中高等收入国家
越南	20600	100	20700	8.50	0.02	2.86	中低等收入国家
印度	16311.75	2223.09	18534.84	6.73	0.46	2.56	中低等收入国家
泰国	10470.88	4375.61	14846.49	4.32	0.91	2.05	中高等收入国家
菲律宾	7425.98	2015.05	9441.03	3.06	0.42	1.30	中低等收入国家
马来西亚	7960.33	713.83	8674.16	3.28	0.15	1.20	中高等收入国家
印度尼西亚	6017.3	2647.7	8665	2.48	0.55	1.20	中低等收入国家
乌克兰	1207.64	7245.29	8452.93	0.50	1.50	1.17	中低等收入国家
伊拉克	5359.4	0	5359.4	2.21	0.00	0.74	中高等收入国家
柬埔寨	4903.77	52.72	4956.49	2.02	0.01	0.68	中低等收入国家
埃及	4584.63	—	4584.63	1.89	0.00	0.63	中低等收入国家
新加坡	3994.8	183.13	4177.93	1.65	0.04	0.58	高收入国家
沙特阿拉伯	3172.94	802.98	3975.92	1.31	0.17	0.55	高收入国家
缅甸	3899.28	—	3899.28	1.61	0.00	0.54	中低等收入国家
阿联酋	3896.28	—	3896.28	1.61	0.00	0.54	高收入国家
巴基斯坦	3698.25	61.73	3759.98	1.53	0.01	0.52	中低等收入国家
孟加拉国	3344.57	—	3344.57	1.38	0.00	0.46	中低等收入国家
土耳其	2237.88	1067.64	3305.52	0.92	0.22	0.46	中高等收入国家
哈萨克斯坦	565.29	1297.22	1862.51	0.23	0.27	0.26	中高等收入国家
以色列	511.15	1147.9	1659.05	0.21	0.24	0.23	高收入国家
立陶宛	1481.19	4.55	1485.74	0.61	0.00	0.21	高收入国家
阿曼	220.09	1220.53	1440.62	0.09	0.25	0.20	高收入国家
波兰	1001.48	138.26	1139.74	0.41	0.03	0.16	高收入国家
罗马尼亚	163.61	437.21	600.82	0.07	0.09	0.08	中高等收入国家
斯洛文尼亚	531.87	7.87	539.74	0.22	0.00	0.07	高收入国家
格鲁吉亚	311.65	61.88	373.53	0.13	0.01	0.05	中低等收入国家

续表

进出口额 国家	出口总额 （万美元）	进口总额 （万美元）	进出口总额 （万美元）	占"一带一路" 主要沿线国家 出口总额的 比例（%）	占"一带一路" 主要沿线国家 进口总额的 比例（%）	占"一带一路" 主要沿线国家 进出口总额的 比例（%）	收入水平
黎巴嫩	326.28	—	326.28	0.13	0.00	0.05	中高等收入国家
斯里兰卡	297.37	0.81	298.18	0.12	0.00	0.04	中低等收入国家
斯洛伐克	5.01	267.48	272.49	0.00	0.06	0.04	高收入国家
土库曼斯坦	272.38	—	272.38	0.11	0.00	0.04	中高等收入国家

资料来源：根据 2017 年《内蒙古统计年鉴》17 - 3 数据整理得出。

表 8 - 21 内蒙古自治区同"一带一路"主要沿线国家海关进出口总额（2017 年）

进出口额 国家	出口总额 （万美元）	进口总额 （万美元）	进出口总额 （万美元）	占"一带一路" 主要沿线国家 出口总额的 比例（%）	占"一带一路" 主要沿线国家 进口总额的 比例（%）	占"一带一路" 主要沿线国家 进出口总额的 比例（%）	收入水平
蒙古国	41512	349406	390918	15.29	56.18	43.75	中低等收入国家
俄罗斯	50913	253444	304357	18.75	40.75	34.06	中高等收入国家
伊朗	35507	325	35832	13.07	0.05	4.01	中高等收入国家
越南	24984	231	25215	9.20	0.04	2.82	中低等收入国家
印度	21273	3418	24691	7.83	0.55	2.76	中低等收入国家
泰国	12151	3095	15246	4.47	0.50	1.71	中高等收入国家
菲律宾	11140	4	11144	4.10	0.00	1.25	中低等收入国家
马来西亚	8051	3663	11714	2.96	0.59	1.31	中高等收入国家
印度尼西亚	12719	1938	14657	4.68	0.31	1.64	中低等收入国家
乌克兰	866	93	959	0.32	0.01	0.11	中低等收入国家
伊拉克	5168	—	5168	1.90	0.00	0.58	中高等收入国家
柬埔寨	2946	6	2952	1.08	0.00	0.33	中低等收入国家
埃及	5762	—	5762	2.12	0.00	0.64	中低等收入国家
新加坡	2295	776	3071	0.85	0.12	0.34	高收入国家
沙特阿拉伯	2502	1716	4218	0.92	0.28	0.47	高收入国家
缅甸	5114	—	5114	1.88	0.00	0.57	中低等收入国家
阿联酋	3970	41	4001	1.46	0.01	0.45	高收入国家

进出口额 国家	出口总额 （万美元）	进口总额 （万美元）	进出口总额 （万美元）	占"一带一路" 主要沿线国家 出口总额的 比例（%）	占"一带一路" 主要沿线国家 进口总额的 比例（%）	占"一带一路" 主要沿线国家 进出口总额的 比例（%）	收入水平
巴基斯坦	6035	17	6052	2.22	0.00	0.68	中低等收入国家
孟加拉国	2147	—	2147	0.79	0.00	0.24	中低等收入国家
土耳其	7134	1305	8439	2.63	0.21	0.94	中高等收入国家
哈萨克斯坦	921	833	1754	0.34	0.13	0.20	中高等收入国家
以色列	1808	46	1854	0.67	0.01	0.21	高收入国家
立陶宛	1722	—	1722	0.63		0.19	高收入国家
阿曼	691	104	795	0.25	0.02	0.09	高收入国家
波兰	1530	64	1594	0.56	0.01	0.18	高收入国家
罗马尼亚	149	1408	1557	0.05	0.23	0.17	中高等收入国家
斯洛文尼亚	657	2	659	0.24	0.00	0.07	高收入国家
格鲁吉亚	118	18	136	0.04	0.00	0.02	中低等收入国家
黎巴嫩	842	—	842	0.31		0.09	中高等收入国家
斯里兰卡	565		565	0.21		0.06	中低等收入国家
斯洛伐克	—	13	13	0.00	0.00	0.00	高收入国家
土库曼斯坦	374	—	374	0.14		0.04	中高等收入国家

资料来源：根据 2018 年《内蒙古统计年鉴》17-3 数据整理得出。

第三节　"一带一路"倡议下内蒙古自治区经济高质量发展对策

一、以贸易商品结构升级促进内蒙古自治区产业结构升级

经济高质量发展与产业结构、对外贸易商品结构息息相关，内蒙古自治区作为向北开放的桥头堡，实现对外贸易商品结构优化以及产业结构转型升级，并形成二者良性互动机制，有利于突破原有经济发展方式，实现经济跨越式发展。从

2004～2017年《内蒙古统计年鉴》的数据来看，内蒙古自治区出口商品主要为化学工业及其相关工业的产品、贱金属及其制品和纺织原料及纺织制品，与2003年以前主要以粮油食品类、纺织丝绸类、煤炭类、五金矿产类为主导形成鲜明的对比。现阶段，应牢牢把握农业供给侧结构性改革的大方针，着力提高出口产品附加值和国际竞争力，增强出口商品和三次产业关联度，逐步激发出口商品结构对产业结构升级的推动作用；延长出口商品产业链，形成产业集群，以加工贸易的发展促进内蒙古自治区对外贸易商品结构的优化，加快实现制造业与信息技术服务融合发展及加工贸易的转型升级；不断强化技术密集型产品的比较优势，促进产业结构和贸易结构升级，强化全要素生产率在内蒙古自治区经济高质量发展中的促进作用。

二、以贸易互补共赢保护国有资源的可持续利用

新时代，经济高质量发展需更加注重生态环境的保护，对于资源的保护和合理利用是经济可持续发展的必然选择。从2000～2016年《内蒙古统计年鉴》数据来看，内蒙古自治区进口商品主要为矿产品和木及木制品等，矿产资源属于不可再生资源，森林资源属于可再生资源，但是资源形成耗时较长，所以随着产业升级和技术进步，内蒙古自治区由出口矿产资源转变为进口矿产资源，对稀缺林木资源一直以来进口量较多。国家之间对外贸易，要遵循比较优势理论和相对比较优势理论，也要遵循从以资源为主导进出口、商品为主导进出口到以技术为主导进出口的发展规律，在此发展过程中国家间要树立互利共赢的发展理念，以保护生态环境为出发点提升资源利用效率，在遵循自然规律的绿色发展下促进经济的可持续发展。

三、以贸易额增长为目标提升内蒙古自治区经济增长潜力

经济学中常把投资、消费、出口比喻为拉动GDP增长的"三驾马车"，这是对经济增长原理最生动形象的表述。近些年来，内蒙古自治区通过投资、消费拉动促进经济增长的效率越来越低，在"一带一路"倡议下，通过扩大外部需求，把国内产品打入国际市场，参与国际竞争，扩大自己的产品销路，是促进经济增

长的有效途径。经济增长和经济发展两者互相依存，经济增长、环境友好、社会和谐都是经济发展的应有之义，而经济增长是经济发展的基础，没有物质的充裕很难实现环境维度和社会维度的全面发展。在内部需求有限的情况下，大力发展出口贸易，帮助落后国家进行基础设施建设，有利于提升内蒙古自治区经济增长的潜力。

四、以口岸贸易为依托拓展内蒙古自治区贸易区域

内蒙古自治区作为中国"一带一路"倡议中联通俄罗斯和蒙古国的重要节点，现拥有 19 个陆路、航空口岸，是中国向蒙俄及中亚、欧洲贸易开放的重要通道。根据数据分析，内蒙古自治区与蒙古国、俄罗斯的对外贸易较为频繁，而与中亚、欧洲的对外贸易额很少，这与地缘区位有一定的关系，地缘政治、地缘经济、地缘文化和地缘利益在贸易发展中相互促进、相互制约。内蒙古自治区应深入分析地缘政治、地缘经济、地缘文化方面的历史渊源，共享地缘利益，以口岸贸易为依托扩展中亚、欧洲贸易开放的重要通道，为内蒙古自治区经济高质量发展注入新的活力。

附　录

附录一　"5 + 4 + 3" 组合拳含义

"5 + 4 + 3" 组合拳中的"5"即"实行宏观政策要稳、产业政策要准、微观政策要活、改革政策要实、社会政策要托底";"4"即"要促进过剩产能有效化解,促进产业优化重组""要降低成本,帮助企业保持竞争优势""要化解房地产库存,促进房地产业持续发展""要防范化解金融风险";"3"即"发挥企业家在推动经济发展中的重要作用,充分发挥创新人才和各级干部的积极性、主动性、创造性"。

附录二　26 个内蒙古自治区扶贫开发重点旗县 (自治区级贫困县) 名单

内蒙古自治区社会扶贫网发布的《26 个内蒙古自治区扶贫开发重点旗县 (自治区级贫困县) 名单》中,包括清水河县、固阳县、杭锦旗、五原县、乌拉特前旗、杭锦后旗、磴口县、乌拉特中旗、多伦县、镶黄旗、正蓝旗、苏尼特左旗、阿巴嘎旗、丰镇市、凉城县、赤峰市松山区、克什克腾旗、阿拉善左旗、阿拉善右旗、乌兰浩特市、扎兰屯市、阿荣旗、鄂温克族自治旗、新巴尔虎左旗、扎鲁特旗和开鲁县。

附录三 国家扶贫开发工作重点县名单（内蒙古自治区）

国务院扶贫开发领导小组办公室发布的《国家扶贫开发工作重点县名单》中，内蒙古自治区包括武川县、阿鲁科尔沁旗、巴林左旗、巴林右旗、林西县、翁牛特旗、喀喇沁旗、宁城县、敖汉旗、科尔沁左翼中旗、科尔沁左翼后旗、库伦旗、奈曼旗、莫力达瓦达斡尔族自治旗、鄂伦春自治旗、卓资县、化德县、商都县、兴和县、察哈尔右翼前旗、察哈尔右翼中旗、察哈尔右翼后旗、四子王旗、阿尔山市、科尔沁右翼前旗、科尔沁右翼中旗、扎赉特旗、突泉县、苏尼特右旗、太仆寺旗、正镶白旗。

附录四 国家重点生态功能区名录（内蒙古自治区）

《国务院关于印发全国主体功能区规划的通知》的国家重点生态功能区名录中，内蒙古自治区确立了五个生态功能区。大小兴安岭森林生态功能区包括内蒙古自治区牙克石市、根河市、额尔古纳市、鄂伦春自治旗、阿尔山市、阿荣旗、莫力达瓦达斡尔族自治旗、扎兰屯市。呼伦贝尔草原草甸生态功能区包括内蒙古自治区新巴尔虎左旗、新巴尔虎右旗。科尔沁草原生态功能区包括内蒙古自治区阿鲁科尔沁旗、巴林右旗、翁牛特旗、开鲁县、库伦旗、奈曼旗、扎鲁特旗、科尔沁左翼中旗、科尔沁右翼中旗、科尔沁左翼后旗。浑善达克沙漠化防治生态功能区包括内蒙古自治区克什克腾旗、多伦县、正镶白旗、正蓝旗、太仆寺旗、镶黄旗、阿巴嘎旗、苏尼特左旗、苏尼特右旗。阴山北麓草原生态功能区包括内蒙古自治区达尔汗茂明安联合旗、察哈尔右翼中旗、察哈尔右翼后旗、四子王旗、乌拉特中旗、乌拉特后旗。

参考文献

一、著作类（以作者汉语姓名的拼音为序）

[1] 阿玛蒂亚·森：《以自由看待发展》，任赜等译，中国人民大学出版社2012年版。

[2] 阿瑟·刘易斯：《经济增长理论》，周师铭等译，商务印书馆1996年版。

[3] 巴里·康芒纳：《封闭的循环：自然、人和技术》，侯文蕙译，吉林人民出版社1997年版。

[4] 保罗·萨缪尔森等：《经济学》（第12版），中国发展出版社1996年版。

[5] 庇古：《福利经济学》，金镝译，华夏出版社2007年版。

[6] 查尔斯·P. 金德尔伯格、布鲁斯·赫里克：《经济发展》，张欣等译，上海译文出版社1986年版。

[7] 陈宝泉：《绿色交响——内蒙古经济发展与生态建设》，远方出版社2012年版。

[8] 道格拉斯·格林沃尔德：《经济学百科全书》，李滔等译，中国社会科学出版社1992年版。

[9] 党耀国、刘思峰、王庆丰等：《区域产业结构优化理论与实践》，科学出版社2011年版。

［10］郭克莎：《工业增长质量研究》，经济管理出版社 1998 年版。

［11］杭栓柱、胡益华、朱晓俊等：《新常态下内蒙古必须走"效益优先"之路》，内蒙古大学出版社 2015 年版。

［12］赫尔曼·E. 戴利：《超越增长》，诸大建译，上海译文出版社 2001年版。

［13］霍利斯·钱纳里、谢尔曼·鲁宾逊：《工业化和经济增长的比较研究》，吴奇等译，上海三联书店 1989 年版。

［14］卡马耶夫：《经济增长的速度和质量》，陈华山译，湖北人民出版社 1983 年版。

［15］联共中央特设委员会：《联共党史简明教程》，人民出版社 1975 年版。

［16］林毅夫：《新结构经济学》，中国经济出版社 2015 年版。

［17］刘勇：《可持续发展理论》，红旗出版社 2003 年版。

［18］刘迎秋、王光伟、谷书堂等：《经济和谐论——社会主义市场经济持续协调稳定发展研究》，中国经济出版社 1993 年版。

［19］罗斯托：《经济增长的阶段》，郭熙保译，中国社会科学出版社 2001年版。

［20］内蒙古自治区统计局：《内蒙古统计年鉴》，中国统计出版社 2001 年版至 2018 年版。

［21］任保平：《以质量看待增长：对新中国经济增长质量的评价与反思》，中国经济出版社 2010 年版。

［22］任保全、魏婕、郭晗：《经济增长质量的理论探索与实践观察》，中国经济出版社 2013 年版。

［23］世界银行增长与发展委员会：《增长报告可持续增长和包容性发展的战略》，孙芙蓉等译，中国金融出版社 2008 年版。

［24］石生萍：《经济外部性研究：机理及案例》，中国农业出版社 2013年版。

［25］王来喜：《内蒙古经济发展研究》，民族出版社 2008 年版。

［26］温友祥：《扶贫开发的理论与实践》，兰州大学出版社 1996 年版。

［27］西蒙·库兹涅茨：《各国的经济增长》，常勋等译，商务印书馆 2009年版。

［28］刑小方：《三江源区的生态补偿——理论与政策》，青海人民出版社2008年版。

［29］徐玖平、赵勇、黄钢等：《循环经济系统论》，高等教育出版社2011年版。

［30］亚诺什·科尔奈：《突进与和谐的增长》，经济与科学出版社1988年版。

［31］郑长德：《中国少数民族地区经济发展报告2013》，中国经济出版社2013年版。

［32］郑晶：《低碳经济与生态文明研究》，中国林业出版社2014年版。

［33］中华人民共和国国家统计局：《中国统计年鉴》，中国统计出版社2008年版至2018年版。

［34］中国统计局人口和就业统计司：《中国人口和就业统计年鉴》，中国统计出版社2015年版。

二、期刊类（以作者汉语姓名的拼音为序）

［1］本刊评论员：《打赢扶贫攻坚战　绘就脱贫新蓝图——内蒙古自治区扶贫开发工作综述》，《实践》（党的教育版）2016年第4期。

［2］柴国君、李丹：《影响内蒙古经济增长质量的因素分析》，《经济论坛》2014年第1期。

［3］陈昌云、荀守奎、牟勇：《基于主成分分析法的安徽省经济发展质量评价》，《安徽理工大学学报》（社会科学版）2016年第3期。

［4］陈洁：《城市经济发展质量研究综述》，《安徽广播电视大学学报》2014年第2期。

［5］陈丽：《南通市经济增长的质量和效益浅析》，《统计科学与实践》2014年第12期。

［6］陈雪梅、马军：《基于EKC曲线的内蒙古碳排放与经济增长关系研究》，《内蒙古工业大学学报》（社会科学版）2014年第1期。

［7］程必定：《从五大层面建设高质量发展的现代化经济体系》，《区域经济评论》2018年第4期。

［8］成长春：《推动长江经济带高质量发展的几点思考》，《区域经济评论》2018 年第 6 期。

［9］邓小红、罗浩：《中部六省经济增长质量的实证分析》，《金融与经济》2008 年第 12 期。

［10］狄乾斌、高群：《辽宁省海洋经济发展质量综合评价研究》，《海洋开发与管理》2015 年第 11 期。

［11］董贯庆、李惊雷：《内蒙古阿龙山林业局天然林资源保护工程二期成效预测》，《江西农业》2016 年第 3 期。

［12］董继红、管晓岩：《西部地区经济发展质量评价——基于效率、潜力与和谐性视角》，《甘肃金融》2013 年第 6 期。

［13］董晓远、廖明中：《深圳经济发展质量的测度》，《特区实践与理论》2013 年第 4 期。

［14］杜世勇、赵曦：《内蒙古水资源利用思考》，《中国科技信息》2015 年第 23 期。

［15］高传胜：《论包容性发展的理论内核》，《南京大学学报》（哲学·人文科学·社会科学版）2012 年第 1 期。

［16］高淑娴、倪保敬、陈梅梅：《河北省经济发展质量评价》，《合作经济与科技》2016 年第 10 期。

［17］郭克莎：《论经济增长的速度和质量》，《经济研究》1996 年第 1 期。

［18］邰俊、安静赜：《新常态下内蒙古经济发展的新机遇》，《理论研究》2015 年第 2 期。

［19］何娇：《云南省经济发展质量的区域差异时空分析》，《云南农业大学学报》（社会科学）2014 年第 6 期。

［20］黄承伟、刘欣：《"十二五"时期我国反贫困理论研究述评》，《云南民族大学学报》（哲学社会科学版）2016 年第 2 期。

［21］黄启明、曹发辉：《环渤海地区各省市经济发展质量综合分析》，《现代商贸工业》2015 年第 5 期。

［22］黄燕玲、黄亚冰、罗盛锋：《包容性增长视角下广西旅游经济发展质量评价》，《企业经济》2016 年第 3 期。

［23］贾海洁、周博、李珊珊：《"十一五"期间北京工业经济发展质量研

究》，《数据》2013 年第 4 期。

［24］姜爱林：《论工业化发展阶段的不同划分方法》，《阜阳师范学院学报》2002 年第 3 期。

［25］教育部：《2014 年全国教育事业发展统计公报》，《中国地质教育》2015 年第 4 期。

［26］金碚：《关于"高质量发展"的经济学研究》，《中国工业经济》2018 年第 4 期。

［27］金岳琴、刘瑞：《低碳经济与中国经济发展模式转型》，《经济问题探索》2009 年第 1 期。

［28］孔令池：《区域经济发展质量评价及其收敛性分析——基于华东地区的经验数据》，《兰州商学院学报》2013 年第 6 期。

［29］李孟刚、蒋志敏：《产业经济学理论发展综述》，《中国流通经济》2009 年第 4 期。

［30］李荣富、王萍、傅懿兵：《安徽各市经济增长质量动态多指标综合评价——基于面板数据投影寻踪模型》，《淮北师范大学学报》（哲学社会科学版）2013 年第 5 期。

［31］李思蓓、游新彩：《民族地区经济发展质量评价——以湘西土家族苗族自治州为例》，《吉首大学学报》（自然科学版）2018 年第 2 期。

［32］李石新、朱艳：《湖南省农村经济发展质量评价》，《沈阳农业大学学报》（社会科学版）2017 年第 3 期。

［33］李燕、李应博：《我国区域经济发展质量的测度和演化——基于真实进步指标的研究》，《科技与经济》2014 年第 5 期。

［34］李豫新、王振宇：《丝绸之路经济带背景下经济发展质量评价分析——以新疆为例》，《生态经济》2017 年第 4 期。

［35］李伟：《新常态下苏州高新区经济发展质量分析》，《北方经济》2016 年第 11 期。

［36］梁东黎：《我国区域经济发展质量新研究——以居民收入占比为标准的考察》，《探索与争鸣》2012 年第 4 期。

［37］林慧芳：《浅析人口老龄化对经济发展的影响》，《全国商情》2016 年第 12 期。

［38］刘芬、丁漩：《重庆市发展低碳经济的思考》，《经济研究导刊》2010年第34期。

［39］刘红葵：《内蒙古退牧还草工程已经启动》，《内蒙古畜牧科学》2003年第2期。

［40］刘宇：《内蒙古地区退牧还草工程的效益评价及问题探析》，《山东省农业管理干部学院学报》2009年第5期。

［41］罗宣、周梦娣、王翠翠：《长三角地区经济增长质量综合评价》，《财经问题研究》2018年第4期。

［42］毛海波：《浅谈经济增长质量的内涵》，《企业导报》2009年第4期。

［43］任保平、葛枫：《内蒙古经济增长质量的测度与评价》，《财经理论研究》2014年第6期。

［44］任静静：《基于熵值法的合肥市经济发展质量评价》，《湖北农业科学》2017年第11期。

［45］史高阳：《江苏省经济发展质量分析——基于全要素生产率的研究（1978～2011）》，《东方企业文化》2013年第3期。

［46］孙涛、逯苗苗：《基于"克强指数扩展版"的我国省域经济发展质量分析》，《宏观质量研究》2016年第4期。

［47］谭崇台：《影响宏观经济发展质量的要素——基于发展经济学理论的历史考察》，《宏观质量研究》2014年第1期。

［48］唐国华、王志平：《环境约束下中国经济发展的质量分析》，《生态经济》（学术版）2013年第1期。

［49］陶庆先：《内部化对经济发展质量影响分析》，《市场经济与价格》2014年第3期。

［50］田钊平：《民族地区经济发展质量评价体系的构建及应用——基于恩施州与湖北省的对比分析》，《三峡论坛》2011年第5期。

［51］王德利、王岩：《北京市经济发展质量测度与提升路径》，《城市问题》2015年第10期。

［52］王浩、王锋正、陈善龙：《西部资源丰富地区经济发展如何避免资源诅咒——以内蒙古自治区为例》，《资源与产业》2014年第6期。

［53］王辉：《试论习近平扶贫观》，《人民论坛》2015年第20期。

［54］王娜：《西藏农牧区剩余劳动力转移的路径选择》，《西藏研究》2013年第1期。

［55］王维利：《内蒙古能源消费碳排放分析》，《内蒙古煤炭经济》2015年第9期。

［56］王寅：《扬州市经济增长质量及效益分析》，《全国商情》（理论研究）2010年第17期。

［57］王英娟、李荣平、陈松松：《基于经济增长质量内涵的综合评价指标体系研究》，《河北企业》2011年第10期。

［58］王玉明：《"三北"防护林四期工程三大效益突显》，《内蒙古林业》2012年第11期。

［59］魏博通、王圣云：《中部六省经济发展质量的综合评价与比较分析》，《湖北社会科学》2012年第12期。

［60］文建龙：《中央领导集体对新中国扶贫理论的贡献述评》，《中共云南省委党校学报》2013年第5期。

［61］武康平、程婉静、冯峰：《探究我国人口年龄结构特征对经济增长波动的影响》，《经济学报》2016年第3卷第4期。

［62］吴季松：《循环经济的由来与内涵》，《科技术语研究》2006年第1期。

［63］吴晓明、刘琳、杜娟：《石油产业与区域经济发展质量的耦合模型——基于四川省的实证》，《财经科学》2015年第11期。

［64］习明明、张进铭、邓玲琴：《区域经济发展质量的影响因素研究——基于城乡收入差距的视角》，《宏观质量研究》2014年第3期。

［65］邢桂春、侯新春、黄丽丽等：《浅谈京津风沙源治理工程对内蒙古构筑祖国北方生态防线的认识》，《内蒙古林业调查设计》2013年第2期。

［66］许巍：《试论福利经济学的发展轨迹与演变》，《国际经贸探索》2009年第12期。

［67］姚升保：《湖北省经济发展质量的测度与分析》，《统计与决策》2015年第21期。

［68］杨宝宝、欧向军、薛丽萍：《山西省区域发展质量差异的时空分析》，《江苏师范大学学报》（自然科学版）2016年第1期。

［69］杨晗、邱晖：《产业结构理论的演化和发展研究》，《商业经济》2012年第5期。

［70］杨新吉勒图、刘多多：《内蒙古碳排放核算的实证分析》，《内蒙古大学学报》（自然科学版）2013年第1期。

［71］叶晗、朱立志：《内蒙古牧区草地生态补偿实践评析》2014年第8期。

［72］殷萍萍：《黑龙江省经济运行的稳定性分析》，《商业经济》2011年第24期。

［73］张洪、侯利莉：《基于AHP的旅游经济发展质量评价研究》，《资源开发与市场》2015年第10期。

［74］张慧光：《培养文化消费理念 激励文化消费行为——北京市提升文化消费的探索与实践》，《时事报告》（党委中心组学习）2015年第3期。

［75］张静：《财税视角下我国生态补偿机制探讨》，《河南科技大学学报》（社会科学版）2016年第1期。

［76］张士杰、陈洁：《安徽省经济发展质量评价及时空演化》，《合肥学院学报》（社会科学版）2014年第1期。

［77］张艳华：《论马克思主义政治经济学方法及其意义——读〈政治经济学批判〉导言有感》，《知识经济》2012年第2期。

［78］赵秋喜：《提高内蒙古经济增长质量及其途径》，《重庆工商大学学报》（西部经济论坛）2003年第5期。

［79］郑长德：《中国少数民族地区经济发展质量研究》，《民族学刊》2011年第1期。

［80］庄贵阳：《中国经济低碳发展的途径与潜力分析》，《国际技术经济研究》2005年第3期。

［81］钟新周：《关于中国经济发展质量的探讨》，《边疆经济与文化》2014年第12期。

［82］左铁镛：《关于循环经济的思考》，《资源节约与环保》2006年第1期。

三、硕博论文（以作者汉语姓名的拼音为序）

［1］蔡平：《经济发展与生态环境的协调发展研究》，新疆大学博士学位论

文，2004 年。

［2］龚鹏：《区域高等教育与经济发展协调关系研究——以长江中游城市群为例》，华东师范大学博士学位论文，2014 年。

［3］荷菊莲：《人力资本价值提升对经济发展方式转变的作用及其实现机制研究》，湖南大学博士学位论文，2012 年。

［4］宋瑞丹：《内蒙古经济增长质量评价研究》，内蒙古师范大学硕士学位论文，2018 年。

［5］王军强：《多维成本视角的经济发展质量研究》，中国农业大学博士学位论文，2014 年。

［6］徐明明：《内蒙古经济发展水平与质量》，内蒙古财经大学硕士学位论文，2013 年。

［7］张红：《长江经济带经济发展质量测度研究》，中国地质大学博士学位论文，2015 年。

［8］张效莉：《人口、经济发展与生态环境系统协调性测度及应用研究》，西南交通大学博士学位论文，2007 年。

［9］张潇尹：《生态经济学视角下的资源型区域经济发展模式研究》，山西财经大学博士学位论文，2015 年。

四、英文文献（以作者姓名的字母为序）

［1］Abdullah H. Albatel，"Government Activity and Policy and Economic Development in Saudi Arabia"，*Journal of Economic and Administrative Sciences*，Vol. 19，No. 2（February 2003）.

［2］Enoch K. Beraho，"Colonial History and its Effects on Sub – Saharan Economic Development"，*Cross Cultural Management：An International Journal*，Vol. 14，No. 3（March 2007）.

［3］German Cubas，B. Ravikumar，Gustavo Ventura，"Labor Quality and Economic Development"，*Review of Economic Dynamics*（June 17，2015）.

［4］Jean – Luc de Meulemeester，Denis Rochat，"A Causality Analysis of the Link between Higher Education and Economic Development"，*Economics of Education*，

Vol. 14, No. 19 (December 1995), pp. 351 – 361.

[5] Laurie Kaye Nijaki, Gabriela Worrel, "Procurement for Sustainable Local Economic Development", *International Journal of Public Sector Management*, Vol. 25, No. 2 (February 2012).

[6] Maw – Lin Lee, Ben – Chieh Liu, Ping Wang, "Education, Human Capital Enhancement and Development: Comparison between Korea and Taiwan", *Economics of Education Review*, Vol. 13, No. 4 (April 1994), pp. 275 – 288.

[7] Neil Robinson, "Political Barriers to Economic Development in Russia: Obstacles to Modernization under Yeltsin and Putin", *International Journal of Development Issues*", Vol. 10, No. 1 (January 2011).

[8] Z. H. Jiang, D. Y. Liu, Y. Chen, Y. l. Liu, "Analysis on the Sustainable Development of Energy – environment – economic Based on Control Theory", *International Conference on Management Science and Engineering*(2009), pp. 1716 – 1720.

后　记

　　1978 年 11 月下旬，国家民族事务委员会、中国社会科学院民族研究所、中央民族学院联合召开了"民族问题理论座谈会"，施正一先生提交的《民族问题和四个现代化》一文，明确地将民族问题同四个现代化联系在一起。会议还提出了"民族问题学术研究必须坚持为当前少数民族地区社会主义经济建设服务"的方针。1979 年 3 月，在北京的全国经济科学规划会议上，中央民族学院的代表论证了加强研究少数民族经济的意义，建议在全国经济科学发展规划中增设"中国少数民族经济"，这一建议被会议采纳并列为全国经济科学发展规划（1978～1985）的第 27 个学科（为当时确定的 30 个学科之一）。准确把握经济发展的丰富内涵，是做好经济发展质量研究的前提。只有把理论研究植根于实践的沃土，才能绽放出绚丽之花。在新时代"建设亮丽内蒙古，共圆伟大中国梦"的实践中，以内蒙古自治区为例研究经济发展质量，对于推动经济高质量发展有着重要的现实意义。

　　笔者认为，长期以来内蒙古自治区经济依托资源禀赋和要素驱动实现了快速发展，但也存在着对政府的依赖性强、增长方式粗放、经济发展质量不高、环境代价大、包容性程度低等问题。主动适应新常态，努力克服经济下行压力，实现内蒙古自治区经济运行总体平稳、稳中有进、稳中向好，是提高内蒙古自治区经济发展质量的外在表现；统筹做好稳增长、促改革、调结构、惠民生、防风险工作，是提高内蒙古自治区经济发展质量的内在动力；坚持"以人民为中心的发展思想"，是提高内蒙古自治区经济发展质量的抓手；贯彻落实创新、协调、绿色、开放、共享的发展理念，是提高内蒙古自治区经济发展质量的旨归。

笔者坚持中国特色社会主义道路解决民族地区经济发展问题的道路自信，希望本书能为少数民族地区社会主义经济建设提供有益素材，为民族共享发展红利及和谐民族关系的构建提供理论支持，为中国少数民族经济理论创新提供坚实的物质基础。

本书得到了呼和浩特民族学院博士项目经费资助（项目编号：HMBS1716）。本书在完成过程中，得到了内蒙古自治区党委办公厅宋伟同志的帮助。经过2018年2月至2019年2月一年的不断修改和完善，终于完稿与大家见面了，所得成果，结书出版，请教学界，恭候批评。

笔者

于呼和浩特民族学院都林楼